프레젠테이션 디자인,
이렇게 하면 되나요?

윤춘근 지음

KB162354

프레젠테이션 디자인, 이렇게 하면 되나요?

1쇄 발행 2022년 6월 10일
2쇄 발행 2023년 1월 20일

지은이 윤춘근
펴낸이 장성두
펴낸곳 주식회사 제이펍

출판신고 2009년 11월 10일 제406-2009-000087호
주소 경기도 파주시 회동길 159 3층 / **전화** 070-8201-9010 / **팩스** 02-6280-0405
홈페이지 www.jpub.kr / **원고투고** submit@jpub.kr / **독자문의** help@jpub.kr / **교재문의** textbook@jpub.kr

소통기획부 김정준, 송찬수, 박재인, 배인혜, 이상복, 송영화, 권유라 / **총무부** 김정미
소통지원부 민지환, 이승환, 김정미, 서세원 / **디자인부** 이민숙, 최병찬

기획 및 진행 송찬수 / **교정·교열** 박정수 / **내지 및 표지 디자인** 다람쥐생활
용지 타라유통 / **인쇄** 한길프린테크 / **제본** 일진제책사

ISBN 979-11-91600-96-4(13000)
값 22,000원

제이펍은 독자 여러분의 아이디어와 원고 투고를 기다리고 있습니다. 책으로 펴내고자 하는 아이디어나 원고가 있는
분께서는 책의 간단한 개요와 차례, 구성과 저(역)자 약력 등을 메일(submit@jpub.kr)로 보내 주세요.

프레젠테이션 디자인, 이렇게 하면 되나요?

한번 배우면 평생 써먹는
슬라이드 & 보고서
디자인 가이드

윤춘근 지음

Jpub
제이펍

온라인 강의 안내

이 책 내용에 실습 과정을 추가하여 제작한 온라인 강의가 오픈되었습니다.
해당 강의는 [AIR KLASS]와 협업으로 제작되었으며, 유료로 제공됩니다.
강의와 관련된 자세한 내용은 아래 URL에서 확인할 수 있습니다.

https://www.airklass.com/k/CHX548V

02

당신이 오늘 쓴 맑은 고딕은 사실 맑지 않다

03

이미지에도 히어로(Hero)가 있다

04

인생은 원더풀, 슬라이드는 컬러풀

05

글보다 더 빠른 이해를 위한 인포그래픽 활용의 모든 것

06

잘 쓰면 약, 못 쓰면 독이 되는 애니메이션 & 동영상

프레젠테이션 디자인에 진심인 사람이 쓴 책

저는 무언가를 만들어 남들에게 보여주는 것을 참 좋아했지만, 성격이 소심하여 사람들 앞에서 말하는 것에 대한 두려움이 항상 컸습니다. 하지만 학창 시절에 MS 파워포인트와 애플 키노트 같은 프레젠테이션 디자인 툴의 존재를 알게 된 후 저의 태도는 완전히 바뀌었습니다.

전달하고자 하는 내용을 슬라이드에 디자인하고 직접 프레젠테이션을 해보면서 프레젠테이션 디자인을 어떻게 하느냐에 따라 청중의 집중력과 흥미도가 달라진다는 것을 체감할 수 있었습니다. 나만 쳐다보는 것 같은, 청중의 부담스러운 시선을 슬라이드로 분산시킨 덕분에 발표에 자신감이 생겼고, 어느 순간 청중의 반응을 즐기는 여유 또한 가질 수 있었습니다. 프레젠테이션 디자인 덕분에 막연한 두려움이 반 이상 줄어든 것이지요.

묘하게 빠져버린 프레젠테이션 디자인의 매력을 많은 사람들과 공유해보고자 2010년부터 SNS와 개인 블로그, 사내 강연 등을 통해 모두를 위한 프레젠테이션 디자인의 팁과 철학들을 차근차근 풀어내기 시작했습니다.

이렇게 한 우물을 10년 이상 파다 보니 자연스럽게 프레젠테이션 디자인에 대한 노하우가 많이 쌓이게 되었고 마침내 책으로 출간할 수 있는 기회를 맞게 되었습니다.

이 책은 단지 슬라이드를 예쁘고 멋지게 바꾸는 기술을 알려주는 책이 아닙니다. 프레젠테이션 중에 우리가 만든 슬라이드를 그저 '보는' 청중을 위해, 청중이 프레젠테이션 내용을 자연스럽게 이해할 수 있도록 돕기 위한 디자인 노하우입니다. 철저히 '프레젠테이션을 위한 슬라이드 완성'이라는 목적에 맞춰, 기초적인 디자인 팁들과 다양한 사례를 엮었습니다.

이 책을 통해 프레젠테이션 디자인에 대한 저의 진심이 독자 여러분에게 전해지길 바랍니다. 또한 '프레젠테이션 디자인은 단지 예쁘게 꾸미는 것', '디자인은 디자이너들만 하는 것'이라는 오해와 편견을 벗어던지는 계기가 되길 바랍니다.

끝으로 무려 10년이 넘는 시간 동안 저의 전문성을 지켜봐주신 제이펍 송찬수 팀장님, 언제나 재미있게 일할 수 있도록 배려해주시는 디자인연구소 소장님, 팀장님, 동료들, 날 좋은 주말마다 책 쓰는 것을 묵묵하게 지켜보면서 지원해준 아내에게 감사의 말을 전합니다.

비범한 츈 윤춘근 드림

디자인 요소에 대한 설명과 다양한 사례, 그리고 프레젠테이션 도구인 키노트와 파워포인트의 간단한 활용 방법을 담았습니다.

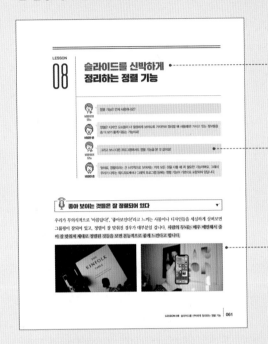

주제
프레젠테이션 디자인을 위한 기초 지식, 응용 방법 등 디자인에 필요한 지식을 주제별로 소개합니다.

대화
간단한 대화로 직장인 혹은 디자이너가 어느 부분에서 어려움을 느끼는지 파악할 수 있습니다.

풍부한 사례
NG, Good 등으로 구분한 다양한 사례를 확인할 수 있습니다.

키노트 & 파워포인트
소개한 디자인 노하우를 적용하기 위한 키노트와 파워포인트의 기능을 간단하게 소개합니다.

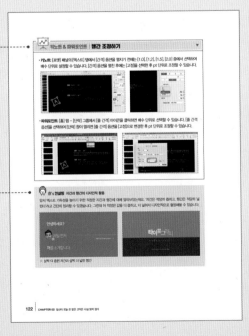

춘's 컨설팅
주의할 부분, 중요한 내용 등 저자의 꼼꼼한 부연 설명이 정리되어 있습니다.

01

알아두면 유용한
편집 디자인 법칙들

LESSON 01

설레지 않으면 버려라, 프레젠테이션 디자인을 위한 첫 단계

옥수수 콧수염차
프레젠테이션 디자인을 하느라 밤을 꼴딱 지새웠네요. 팀장님께서 제가 디자인한 프레젠테이션을 꼼꼼하게 읽어주시겠죠?

비범한 춘
사람은 이기적인 동물이라 보고 싶은 대로 보고, 듣고 싶은 대로 듣는 경향이 있습니다.
상사 분은 읽지 않고 볼 뿐입니다! 그러니 한 슬라이드에 텍스트를 꽉꽉 채워 넣지 마세요!

 슬라이드 문서와 보고서의 가장 큰 차이점 ▼

본격적인 프레젠테이션 디자인에 들어가기에 앞서, '읽는 것(Read)'과 '보는 것(Watch)'의 차이점을 명확히 구분할 필요가 있습니다. 워드프로세서로 작성하는 보고서나 제안서 등의 문서는 인쇄물 형태이므로 읽는 사람을 대상으로 합니다. 그러니 '잘 읽히는 것'을 염두에 두고 작성해야 합니다. 그러나 프레젠테이션에서는 인쇄물이 아닌 대형 스크린 등을 통해 문서가 표시되고 '발표자(Presenter)'가 존재합니다. 즉, 슬라이드 문서는 발표자를 보조하는 수단으로 사용됩니다. 각 슬라이드는 발표자의 설명 순서와 발표 시간에 따라 청중에게 노출되는 시간이 정해져 있으며, 청중의 요청이 있을 때마다 슬라이드의 순서를 앞뒤로 이동하는 데 한계가 있습니다.

이러한 특수성 때문에 프레젠테이션에 참석한 사람들은 슬라이드 문서를 보고서처럼 꼼꼼히 읽어볼 시간이 없습니다. 그렇다면 슬라이드 문서를 디자인하지 말자는 이야기일까요? 아닙니다. 역으로 이러한 특수성을 이해하고 프레젠테이션 디자인에 적용한다면 청중이 훨씬 더 발표자에게 집중하도록 유도하는 슬라이드 문서를 완성할 수 있을 겁니다. 지금부터 '청중은 읽지 않고 본다'는 진리를 항상 염두에 두길 바랍니다.

∧ 읽는 문서와 보는 슬라이드

구분	보고서	슬라이드
전달 방식	아날로그	디지털
타깃	1:1	1:다수
상호작용	상시	실시간
결과물	인쇄물	시각 자료
페이지 이동	자유로움	상황에 따라 다름
제약 시간	무제한	제한적
타깃의 반응	읽는다	본다

그러므로 슬라이드 문서를 만들 때는 청중이 시각적인 공해를 느끼지 않고 편하게 볼 수 있으면서도 핵심 키워드가 잘 보여서 호기심을 불러일으키도록 해야 합니다. 여기에 더해 자연스럽게 발표자에게 집중할 수 있도록 만든다면 최고의 프레젠테이션으로 이어질 것입니다.

∧ 2019 애플 스페셜 이벤트(애플 CEO의 프레젠테이션)

대표적으로 애플에서 매년 진행하는 프레젠테이션을 보면 프레젠테이션의 특수성을 가장 잘 반영한 슬라이드를 사용하고 있습니다. 슬라이드는 오직 발표자의 시각 자료로만 활용되며, 발표자의 설명 없이는 추가 정보를 알 수 없기에 자연스럽게 발표자에게 집중하게 됩니다. 이로 인해 신제품 발표에 대한 기대감은 더욱 증폭되고, 이런 현상은 신제품을 각인시키려는 행사의 의도에 정확히 부합합니다.

🎙️ 프레젠테이션 디자인을 위한 사전 준비 ▼

넷플릭스(Netflix)의 콘텐츠 중 정리의 달인인 곤도 마리에가 나오는 〈설레지 않으면 버려라〉라는 리얼리티 프로그램이 있습니다. 곤도 마리에는 집 안에 가득 쌓인 물건을 정리하길 포기한 집에 방문하여 정리 방법을 제시하고는 기똥차게 물건을 정리합니다. 개인적으로 인상적인 부분은 옷장을 정리하는 방법입니다. 옷장을 정리하기 위해서 옷장 속에 있는 물건들을 모두 끄집어냅니다. 그다음, 밖으로 쏟아져 나온 옷을 하나씩 보며 곤도 마리에는 '설레지 않는다면 버려라'라는 해결책을 제시합니다. 프레젠테이션 디자인도 마찬가지입니다. 설레지 않으면 과감하게 버리세요.

프레젠테이션을 준비하면서 자료를 모으고, 본격적으로 슬라이드 문서를 디자인하겠다고 마음먹었다면 더 이상의 내용 추가는 필요 없습니다. 만약 슬라이드를 디자인하면서 내용 보충이 필요하다고 느낀다면 지금까지 작업한 모든 디자인을 과감하게 포기하고, 자료 준비부터 다시 시작하겠다는 각오로 되돌아가세요. 즉, 디자인 단계 전에 자료 준비 및 디자인에 필요한 것들을 완벽해야 준비해야 한다는 뜻입니다.

디자인 단계는 결코 내용을 추가하거나 보완하는 과정이 아닙니다. 오히려 가지고 있는 자료를 다시 살펴보고 필요한 것만 남기는 과정입니다. 필요 없는 것을 모두 버린 후 꼭 필요한 요소만 남기고 정리했다면 이 상태로도 충분히 프레젠테이션을 위한 슬라이드 문서로 합격입니다. 여기에 좀 더 디자인적인 요소(색상, 폰트 등)를 적용하면 작업이 완료되는 것입니다.

흔히 디자인을 한다고 이야기하면 무엇인가를 더해야만 할 것 같지만, 실상은 그렇지 않습니다. 앞서 강조했듯이 디자인은 '꾸미는' 것이 아니라, '정리'를 통해 전달하고자 하는 메시지를 정확하게 전달하는 것이 목적임을 명심하세요.

 춘's 컨설팅 프레젠테이션 디자인은 '딱 보면 이쁘게', '있어 보이게' 만드는 것이 아닙니다. 이런 생각은 프레젠테이션 디자인에 대한 대표적인 오해입니다. 프레젠테이션이라는 목적을 생각해보면 오해는 쉽게 해결될 겁니다. 프레젠테이션 디자인은 정확한 메시지를 전달하는 것임을 명심하세요.

슬라이드 한 장에 너무 많은 정보를 담지 말자 ▼

슬라이드 한 장에 너무 많은 정보를 담으려고 하면 여러 문제에 부딪힙니다. 기본적으로, 한정된 크기에 많은 내용을 담으려 하면 텍스트나 이미지 크기가 작아질 수밖에 없습니다. 이것저것 복잡하게 배치된 슬라이드 문서가 프레젠테이션 중에 발표자 뒤에 배경처럼 나타난다고 상상해봅시다. 과연 보기에 멋진 장면이 연출될까요?

디자인하는 문서가 눈앞에 지면으로 표시되는 책이라면 모를까, 일정 거리를 두고 큰 화면으로 봐야 하는 프레젠테이션 디자인이라면 복잡하고 오밀조밀해서는 목적에 맞지 않습니다. 무엇보다 디지털 작업이니 필요하면 언제든 새로운 슬라이드를 추가할 수 있습니다. 그러니 무리해서 한 장에 많은 내용을 담을 필요가 전혀 없습니다.

많은 내용을 어떻게 처리해야 할지 부담스럽다면, 과감하게 다음 슬라이드로 넘기세요. 이렇게 슬라이드 개수를 늘리면서 자연스럽게 프레젠테이션의 흐름을 생각할 수도 있고, 여러 장의 슬라이드를 재배치하면서 전체적인 구성을 수정할 시간도 가질 수 있습니다.

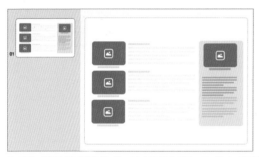 

⌃ 많은 내용을 처리해야 할 때는 여러 장의 슬라이드로 나누는 것이 좋습니다.

키노트 & 파워포인트 | 새로운 슬라이드 추가하기 ▼

파워포인트와 키노트에서는 슬라이드를 선택한 후 Enter / return 를 누르면 선택 중인 슬라이드 밑으로 새로운 슬라이드가 추가됩니다. 좀 더 간단하게 단축키를 이용해도 좋습니다.

- **파워포인트:** Ctrl + M
- **키노트:** Shift + command + N

여러 개의 슬라이드를 생성해서 디자인해놓고 보면 담긴 내용이 꼭 필요한지 고민될 때가 있습니다. 그렇다고 삭제하면 나중에 혹시 필요할 수 있어 불안할 겁니다. 이럴 때 사용하라고 애플 키노트에는 **[슬라이드 건너뛰기]**, 파워포인트에는 **[슬라이드 숨기기]**이라는 이름으로 슬라이드를 숨길 수 있는 기능이 들어 있습니다. 슬라이드를 숨겨놓고, 서랍에서 꺼내듯 필요할 때 찾아 사용하면 됩니다.

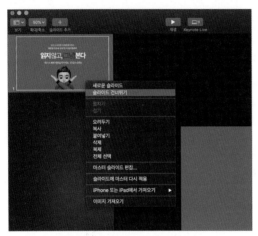 

∧ 키노트와 파워포인트의 슬라이드 숨기기 기능

물론 슬라이드를 숨겨놓으면 프레젠테이션 중에도 해당 슬라이드는 자동으로 건너뛰므로 청중에게 노출되지 않습니다.

슬라이드 문서를 보고서의 연장으로 생각하는 사람도 있습니다. 그럴 때는 목적을 명확하게 구분하면 됩니다. 이 문서를 프레젠테이션용으로 사용할지, 보고용으로 사용할지를 파악해야 합니다. 프레젠테이션용이라면 당연히 보고서 내용을 그대로 복사해서 붙여넣는 것으로 끝내서는 안 됩니다. 보고서는 읽는 것에 초점을 둔 디자인이고, 프레젠테이션용 슬라이드 문서는 보는 것에 초점을 둔 디자인임을 잊지 말아야 합니다. 슬라이드는 보고서의 핵심 내용을 프레젠테이션하기 위한 수단입니다. 그 목적에 맞도록 프레젠테이션 환경에 맞춘 '각색'이 필요합니다.

제일 먼저 가장 긴 문단을 문장으로 줄이고, 줄인 문장을 다시 한번 줄여서 핵심 키워드만 남겨보세요. 슬라이드는 프레젠테이션하기 위한 대본이 아닙니다. 넓은 화면에는 청중의 호기심을 불러일으킬 내용만 남기고, 나머지는 발표자 메모 기능이나 별도의 메모 앱 등에 잘 정리해서 프레젠테이션 중에 키워드와 연상되도록 이야기하면 훨씬 더 자연스러운 프레젠테이션을 진행할 수 있습니다.

⌃ 문단을 문장으로, 문장을 핵심 키워드로 줄여서 배치합니다.

키노트 & 파워포인트 | 슬라이드 정리 기능 활용하기 ▼

키노트와 파워포인트에는 슬라이드를 정리할 수 있는 기능이 포함되어 있습니다. 키노트의 경우 상위 슬라이드와 하위 슬라이드를 구분할 수 있고, 파워포인트에서는 구역을 구분할 수 있습니다. 또한 프레젠테이션 중에 특정 슬라이드가 노출되지 않도록 숨기는 기능도 있습니다.

키노트

• **상 · 하위 슬라이드 구분하기:** 키노트에서는 좌측 슬라이드 섬네일 영역에서 하위로 넣고 싶은 슬라이드를 선택 한 후 tab 또는 Shift + tab 을 눌러 슬라이드의 위상을 조절할 수 있습니다.

- **슬라이드 숨기기:** 슬라이드 섬네일에서 프레젠테이션할 때 노출하고 싶지 않은 슬라이드를 선택한 후 우클릭하여 [슬라이드 건너뛰기]를 누르면, 해당 슬라이드가 슬라이드 쇼에서 노출되지 않습니다.

⌃ 키노트에서 '슬라이드 건너뛰기'가 적용된 슬라이드

파워포인트

- **구역 구분하기:** 좌측 슬라이드 미리보기 영역에서 우클릭한 후 [구역 추가]를 선택하면, 상단에 타이틀을 붙여 슬라이드를 구분할 수 있습니다. 생성된 화살표를 통해 하위 슬라이드를 열고 닫을 수도 있습니다.

- **슬라이드 숨기기:** 슬라이드 섬네일에서 프레젠테이션할 때 노출하고 싶지 않은 슬라이드를 선택한 후 우클릭하여 [슬라이드 숨기기]를 누르면, 해당 슬라이드가 슬라이드 쇼에서 노출되지 않습니다.

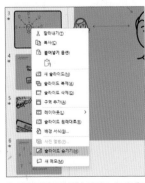 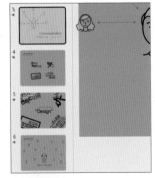

⌃ 파워포인트에서 '슬라이드 숨기기'가 적용된 슬라이드

한 편의 영화 같은 프레젠테이션의 비밀, 반복으로 완성되는 통일성

이웃집또털어

와~ 어제 프레젠테이션은 대박이었습니다! 마치 한 편의 영화를 본 것처럼 아직도 생생하네요!

비범한 춘

프레젠테이션 디자인에 '통일성'이 잘 적용되었나 보네요!

이웃집또털어

프레젠테이션 디자인에서 '통일성'이란 무엇인가요?

비범한 춘

슬라이드와 슬라이드 사이에 반복적인 디자인 규칙을 적용하는 거예요. 이 통일성은 전체 프레젠테이션 디자인의 완성도를 높여, 마치 한 편의 영화를 본 듯한 느낌을 만들어낸답니다.

 ## 처음 슬라이드부터 마지막 슬라이드까지 동일한 규칙으로 ▼

어떤 프레젠테이션을 보면 중간에 끊김 없이 완벽하게 잘 만들어진 한 편의 영화를 본 것 같은 느낌을 받을 때가 있습니다. 그렇다면 그 프레젠테이션에서 사용한 각 슬라이드에 주목해볼 필요가 있습니다. 디자인적으로 통일성이 완벽했을 가능성이 높습니다. 통일성이란 프레젠테이션 디자인에서 가장 중요한 요소 중 하나입니다. 우리는 낱장의 슬라이드를 디자인하지만 청중의 머릿속에는 그 슬라이드들이 자연스럽게 이어져 한 편의 이야기로 기억될 수 있기 때문입니다.

프레젠테이션 디자인에서 통일성은 우선 낱장의 슬라이드 안에 포함된 디자인 요소들 간의 조화에서 시작됩니다. 그리고 슬라이드와 슬라이드 간의 조화를 통해 결과적으로 전체 프레젠테이션 디자인의 완성도를 높이는 것입니다.

이렇게 통일성을 바탕으로 탄탄한 디자인이 적용된 슬라이드는 청중이 알게 모르게 발표자의 언변을 보조해주는 훌륭한 시각 자료가 되고, 프레젠테이션에 집중할 수 있는 환경을 조성합니다. 만약 어떤 부분에서 의도치 않게 통일성이 훼손되면 그 순간 청중은 뭔가 어색함을 느끼고, 프레젠테이션의 흐름이 끊기기도 합니다. 드라마를 집중해서 보다가 중간에 편집점이 맞지 않아 어색함을 느끼거나, 속보가 떠서 보던 드라마의 흐름이 끊겼을 때의 느낌과 같습니다. 이러한 이유로 통일성은 프레젠테이션 디자인에서 매우 중요한 요소로 작용합니다.

아래의 예시 슬라이드를 살펴보면서 같은 주제로 예상되는 슬라이드를 묶어보세요.

아마도 별로 어렵지 않게 다음과 같이 구분해서 정리할 수 있었을 겁니다. 이렇게 서로 다른 프레젠테이션 슬라이드를 마구 섞어놓았을 때조차 어렵지 않게, 설명도 없이 단번에 묶어낼 수 있는 이유가 바로 디자인의 통일성 때문입니다. 각 슬라이드에서 공통으로 보이는 규칙들을 어색하지 않게 만들어내는 것이 프레젠테이션 디자인에서 말하는 '통일성'의 핵심입니다.

통일성의 기본은 슬라이드에 포함된 어떤 디자인 요소든 첫 슬라이드부터 마지막 슬라이드까지 동일한 규칙을 적용하는 것입니다. 슬라이드에 구성되는 디자인 요소란 슬라이드에 올려지는 모든 것을 의미합니다. 슬라이드의 그리드와 레이아웃, 폰트의 종류와 크기, 배경 또는 사용한 오브젝트의 색상, 이미지나 도형을 비롯해 마지막에 적용하는 애니메이션까지도요. 이 개별 디자인 요소들이 낱장의 슬라이드 안에서뿐만 아니라 전체 프레젠테이션 디자인에서 박자가 완벽하게 맞추어질 때 통일성을 띨 수 있습니다.

통일감을 연출하는 가장 쉬운 방법, 반복 ▼

프레젠테이션 디자인에서 동일한 규칙을 주는 가장 쉬운 방법은 디자인 요소들의 '반복적 사용'입니다. 낱장의 슬라이드가 모여 하나의 프레젠테이션이 됩니다. 이때 각각의 슬라이드에서 동일한 디자인 요소들이 반복될 때 통일감이 극대화됩니다.

우리가 서로 다른 나라에서 동일한 프랜차이즈 매장을 방문할 때 특정 로고와 패턴, 나아가 동일한 인테리어 등을 통해 기업의 브랜드 통일성을 느끼는 것도 이러한 무의식적 반복 학습 효과라고 볼 수 있습니다. 이 방법은 프레젠테이션 디자인에도 동일하게 적용됩니다. 반복과 나열을 통해 청중은 무의식적으로 전체 프레젠테이션 디자인에 대해 신뢰감과 안정감을 느낄 수 있습니다.

︿ 세계 각국의 스타벅스 매장

슬라이드 그리드와 레이아웃의 반복 슬라이드 종류별로 계획된 그리드와 레이아웃은 프레젠테이션 전체에 동일하게 적용해야 합니다. 그리드와 레이아웃은 프레젠테이션 디자인의 골격을 만드는 것으로 나중에 수정하려고 하면 난해할 수 있으므로 초반에 잘 잡아야 하지요. 각 슬라이드의 그리드와 레이아웃은 사용할 디자인 요소들이 배치될 위치 값을 예상하여 디자인해야 합니다. 예를 들어, 본문 슬라이드에서 2단 그리드를 기준으로 구성했다면 이후에 나오는 본문 슬라이드에서도 2단 그리드를 그대로 유지하는 방식입니다. 텍스트 요소나 이미지 등을 배치할 때도 상하좌우 여백의 너비와 요소들의 위치 등을 일정한 규칙으로 반복해야 합니다. 본문과 본문 사이에 들어가는 인덱스 슬라이드 등 모든 종류의 슬라이드에도 동일하게 적용합니다. Link 그리드 레이아웃과 관련된 노하우는 039쪽 에서 자세히 배울 수 있습니다.

︿ 기준 슬라이드를 보면 본문 영역의 그리드를 세로 2단으로 잡고 디자인을 시작했습니다. 그러다 마지막 슬라이드에서 갑자기 가로 2단으로 디자인하여 전체적인 통일성을 해치고 있습니다.

폰트의 종류와 크기 반복 프레젠테이션 디자인에 사용되는 서체 종류와 크기, 자간 등은 제목, 소제목, 본문 등 사용하는 위치에 따라 한 가지 스타일로 통일해야 합니다. 예를 들어 본문에 [나눔 스퀘어, 18pt]를 사용했다면 전체 본문 슬라이드에 [나눔 스퀘어]를 사용하고, 위상에 따라 크기를 조금씩 바꾸면서 변경할 수 있습니다. Link 서체와 관련된 노하우는 088쪽 에서 자세히 배울 수 있습니다.

  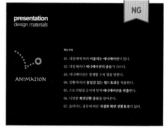

︿ NG 슬라이드는 기준 슬라이드의 부제목 및 본문 텍스트 크기와 폰트 종류가 달라 통일성이 깨져 보입니다.

색상의 규칙적 사용 적절한 색상 활용은 프레젠테이션 주제를 부각하는 데 매우 중요한 역할을 합니다. 그러므로 프레젠테이션 주제에 맞게 색상을 미리 정하여, 그 색상을 디자인 요소로 활용하면 효과적입니다. 폰트와 마찬가지로, 색상도 무분별하게 남발하면 정신 없는 디자인이 될 수 있습니다. 메인으로 선정한 색상을 슬라이드마다 동일한 조건으로 규칙적으로 사용한다면 슬라이드 문서의 통일성을 높일 수 있습니다. Link 색상 사용에 대한 노하우는 186쪽 에서 자세히 배울 수 있습니다.

︿ 표지 슬라이드에서 배경 색상으로 사용한 파랑을 본문 슬라이드에서는 포인트 색상으로 곳곳에 사용하였습니다. 전체 슬라이드를 놓고 보면 레이아웃이 달라도 색상으로 통일성을 느낄 수 있습니다.

주제의 반복 드라마나 영화를 보면 화면 우측 상단에는 방송사 로고가, 좌측 상단에는 프로그램 제목이 노출되는 것을 종종 볼 수 있습니다. 이러한 노출은 시청자에게 수많은 채널 중 특정 채널과 방송을 보고 있다는 사실을 인지시키는 내비게이션 역할을 하며, 시청자는 이 부분을 처음에만 의식할 뿐 시간이 지나면 방송 내용에 집중하면서 자연스럽게 잊어버립니다. 프레젠테이션에서도 이러한 심리를 활용해서 어색하지 않게 통일성을 높이는 요소로 활용할 수 있습니다. 즉, 프레젠테이션 주제를 슬라이드마다 배치하여 장식적인 요소로 활용하는 동시에 전체 슬라이드의 통일성을 높입니다.

 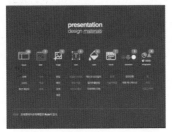 

︽ 표지에 사용된 프레젠테이션 주제 타이틀을 각 슬라이드에서 반복하여, 전체 프레젠테이션에 통일성을 부여하고 있습니다.

장면 전환 & 애니메이션의 규칙적 사용 프레젠테이션용 슬라이드 문서를 만들 때 최종 작업으로 특정 키워드를 강조하거나 스토리텔링의 극적 효과를 위해 화면 전환 효과나 애니메이션 효과를 적용합니다. 이러한 모션도 제한적이면서 규칙적으로 사용하는 것이 좋습니다. `Link` 모션에 대한 노하우는 `250쪽` 에서 자세히 배울 수 있습니다.

모션을 제한적으로 사용한다는 것은 효과 적용을 지향하되 최소한의 움직임만 연출하는 것을 의미합니다. 또한 모션을 규칙적으로 이용한다는 것은 통일성을 기반으로 모션을 적용해야 한다는 의미입니다. 예를 들어, 특정 키워드를 강조하기 위해 [디졸브] 애니메이션 효과를 적용했다면, 처음 슬라이드부터 마지막 슬라이드까지 특정 키워드를 강조할 때는 [디졸브] 효과만 사용하는 것입니다. 장면 전환 효과도 마찬가지입니다. 다양한 장면 전환 효과가 아닌 동일한 장면 전환 효과만 사용해야 프레젠테이션을 할 때 청중이 느끼는 통일성을 극대화할 수 있습니다.

완벽한 프레젠테이션을 위한 네 박자, 기승전결

**아기공룡
둘째**

슬라이드(Slide)가 정확히 뭔가요?

비범한 춘

슬라이드는 프레젠테이션을 구성하는 낱장이며, 이런 낱장의 슬라이드는 다시 제목, 목차, 인덱스, 본문, 마지막 슬라이드로 나눌 수 있습니다. 낱장의 슬라이드가 하나로 모여 한 편의 영화 같은 프레젠테이션이 완성되는 것이죠. 어느 하나라도 빠지면 프레젠테이션의 완성이라고 할 수 없어요! 각 슬라이드마다 어떤 특징이 있는지 알아봅시다.

영화와 프레젠테이션의 공통점 ▼

우리는 완성된 프레젠테이션을 구성하는 최소 단위인 낱장을 '슬라이드(Slide)'라고 부릅니다. 여러분은 이 어원에 대해 생각해본 적이 있으신가요? 슬라이드는 영화 필름의 한 조각(프레임)을 의미하기도 하는데, 조각조각의 슬라이드가 모여 필름이 되고, 이것이 영사기를 거쳐 영화관에 모인 관객들에게 흥미로운 이야기를 전달합니다. 낱장의 슬라이드가 모여 청중에게 궁금한 이야기를 전달하는 프레젠테이션과 매우 비슷해 보이죠? 그러니 영화와 프레젠테이션을 서로 비교해서 생각해보면 더 쉽게 이해할 수 있습니다.

아주 재미있게 보았던 영화 한 편을 떠올려보세요. 아마도 그 영화는 기승전결이 매우 짜임새 있고, 물 흐르듯 자연스러운 구성이 돋보일 것입니다. 프레젠테이션도 마찬가지입니다. 구성할 슬라이드의 기승전결, 네 박자가 매우 중요합니다.

표지 슬라이드에서 청중의 호기심을 불러일으키고, 본문 슬라이드에서 호기심과 궁금증을 해결해주며, 마지막 슬라이드가 나올 때쯤 청중에게 진한 여운을 남겼다면 여러분의 프레젠테이션은 청중에게 최고의 프레젠테이션으로 기억될 수 있습니다.

영화	vs.	프레젠테이션
영화 타이틀 시퀀스, 영화의 시작	기	제목 슬라이드, 프레젠테이션의 시작
클라이막스를 위한 내용 전개	승	목차 슬라이드
클라이막스	전	인덱스, 본문 슬라이드
엔딩 크레딧	결	마지막 슬라이드

⌄ 필름 슬라이드 vs. 프레젠테이션 슬라이드

슬라이드의 종류를 나눠볼 수 있어야 한다 ▼

키노트나 파워포인트와 같은 프레젠테이션 툴에서 새로운 프로젝트를 생성하였을 때 나타나는 기본
슬라이드는 모두 같은 모양과 배경색으로 구성되어 한 종류처럼 인식될 수 있습니다. 그러나 완성된
프레젠테이션의 슬라이드 섬네일을 유심히 살펴보면 영화의 기승전결처럼 몇 종류로 나누어볼 수 있
습니다.

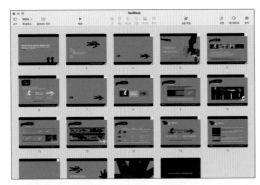

⌄ 완성된 프레젠테이션 디자인에서 자세히 보면 보이는 기승전결

슬라이드 종류는 크게 제목(Title) 슬라이드, 목차(Agenda) 슬라이드, 인덱스(Index) 슬라이드, 본문 슬라이드, 마지막 슬라이드의 총 5가지로 나눌 수 있습니다. 프레젠테이션 시 주어진 시간과 이벤트 구성에 따라 일부 슬라이드의 종류가 생략될 수 있지만 이렇게 5개 종류의 슬라이드를 제대로 갖추지 않고 프레젠테이션을 한다면 완성도가 떨어질 수 있습니다. 예를 들어, 마지막 슬라이드가 빠지면 엔딩 크레딧이 나오지 않고 갑자기 영화가 끝나는 것과 같으므로 청중이나 관객이 여운을 느낄 시간도 없이 급하게 끝나는 느낌을 받고 혼란스러워할 수 있습니다. 이제 슬라이드 종류마다 어떤 특징이 있으며, 어떤 디자인 장치들이 포함되는지 자세히 살펴보겠습니다.

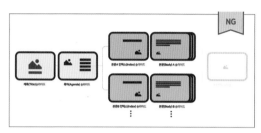 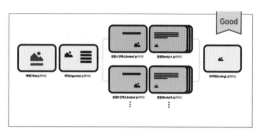

⋀ 마지막 슬라이드가 빠지면 청중에게 급하게 마무리되는 인상을 줄 수 있습니다. 한 편의 프레젠테이션은 제목, 목차, 인덱스, 본문, 마지막 슬라이드 전체가 모였을 때 완성됩니다.

기(起), 영화의 타이틀 시퀀스 같은 제목 슬라이드 종종 영화의 도입부에서 기대감과 호기심을 불러일으키기 위해 영화 내용을 함축한 타이틀 시퀀스(영화 제목)를 보여줍니다. 이와 마찬가지로, 제목 슬라이드는 모든 프레젠테이션 슬라이드 중에서도 가장 먼저 청중에게 노출되는 슬라이드로 존재감이 매우 큰 슬라이드라 할 수 있습니다.

기본적으로 제목 슬라이드는 프레젠테이션의 제목과 발표자의 소속 정보로 구성되어 있습니다. 해당 프레젠테이션에 대한 정보가 전혀 없는 청중도 제목 슬라이드만 보고 내용을 짐작할 수 있도록 디자인하는 것이 좋습니다. 즉, 오늘 발표할 주제를 명확하게 드러내는 것이 중요합니다.

⋀ NG 슬라이드는 프레젠테이션 제목에 사용한 색상의 명도가 너무 낮고, 텍스트 크기가 모두 비슷하여 결과적으로 가독성이 너무 떨어져 청중에게 좋은 첫인상을 남기기 어렵습니다. 반면, Good 슬라이드는 텍스트의 명도와 크기를 효과적으로 적용해 주제를 명확하게 전달하며, 발표자의 소속 표시와 구분도 명확합니다. 군더더기 없는 제목 슬라이드입니다.

승(承), 본 내용을 간단히 소개하는 목차 슬라이드 목차 슬라이드에는 주로 본문 페이지에 배치된 큰제목과 일부 소제목을 순서대로 표시하여 곧 전개될 프레젠테이션의 개요를 간략하게 한 장의 슬라이드로 정리해서 보여줍니다. 책의 차례와 비슷한 역할이죠. 청중은 목차 슬라이드를 보면서 곧 시작될 본문 내용을 상상할 수 있고, 전체적인 시간을 예상해서 사전에 마음의 준비를 할 수 있습니다.

주어진 발표 시간에 따라 목차 슬라이드를 생략할 수 있지만, 기왕이면 "금일 진행되는 프레젠테이션은 다음과 같은 순서로 진행될 예정입니다"라고 이야기한 후 청중이 빠르게 훑어볼 수 있는 여운을 남기는 식으로 포함하는 것을 추천합니다.

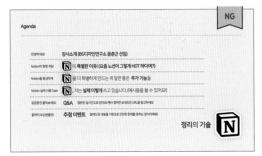 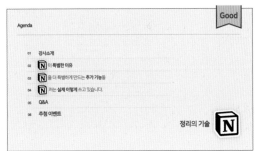

∧ 텍스트가 너무 많으면 내용을 파악하기 어렵습니다. 왼쪽에는 순서 넘버링, 오른쪽에는 텍스트를 간추려 정리하는 정도로 최대한 간결하게 구성해야 집중도를 높일 수 있습니다.

전(轉), 다음 내용의 호기심 자극 및 휴식 포인트인 인덱스 슬라이드 전체 프레젠테이션에서 본문 슬라이드가 차지하는 비율은 매우 높습니다. 그러니 본문 슬라이드와 본문 슬라이드 사이를 구분해주는 장치가 필요합니다. 이 역할을 하는 것이 바로 인덱스 슬라이드입니다.

인덱스 슬라이드는 다음 장에 시작될 본문 슬라이드의 큰제목과 앞으로 남은 프레젠테이션을 알려주는 내비게이션 위주로 구성됩니다. 전체 발표 시간이 길수록 인덱스 슬라이드는 반드시 필요합니다. 인덱스 슬라이드가 표시된 순간 청중은 아주 잠깐의 휴식 시간을 가지며, 다음 내용을 들을 준비를 하게 됩니다.

∧ 한 프레젠테이션에 동일한 색상으로 인덱스 슬라이드를 구성해도 문제없습니다. 다만, 단순하게 배경색만 달리 사용해도 살짝 신선한 느낌을 전달할 수 있습니다.

∧ 애플 WWDC 이벤트는 2시간 정도로 꽤 긴 편이며 인덱스 슬라이드를 적극적으로 활용합니다. 이 예시는 2019 WWDC의 인덱스 슬라이드로 미세하게 오브제의 종류와 색을 바꿔서 활용했습니다.

전(轉), 가장 많은 비중을 차지하는 본문 슬라이드 '프레젠테이션 슬라이드'라고 하면 기본적으로 떠올리는 부분이 아마 본문 슬라이드일 겁니다. 그만큼 전체 프레젠테이션에서 본문 슬라이드가 차지하는 비중이 가장 크기 때문입니다. 대부분의 슬라이드가 한 장으로 끝나지만 본문 슬라이드는 내용에 따라 수십 장으로 구성될 수도 있습니다.

∧ 전체 슬라이드에서 가장 많은 비중을 차지하는 본문 슬라이드

본문 슬라이드에는 많은 양의 텍스트와 이미지 정보, 차트나 표 등의 정보를 전달하기 위한 다양한 디자인 요소가 등장하기 때문에 이것들을 체계적으로 배치하는 레이아웃이 중요합니다. 혼란스러워 보이지 않도록 적재적소에 정보를 배치하고 정리하는 것이 가장 중요하겠습니다. **Link** 레이아웃에 대한 이야기는 **039쪽** 에서 다룹니다.

양이 너무 많아 끊임없이 나올 것 같은 느낌이 들면 청중은 숨이 막혀 프레젠테이션에 집중하지 못할 수 있습니다. 이럴 때는 한쪽 구석에 슬라이드 페이지 내비게이션을 배치하여 현재 진행 정도를 파악할 수 있도록 하고, 적절한 애니메이션 활용으로 단조로움을 깨는 노력도 필요합니다. **Link** 애니메이션에 대한 이야기는 **250쪽** 에서 다룹니다.

⋀ 왼쪽 아래에 페이지 내비게이션을 배치한 사례입니다. 왼쪽 슬라이드에서는 페이지 표시가 너무 크게 들어가서 자칫 시선이 쏠릴 우려가 있습니다. 반면, 오른쪽 슬라이드에서는 숫자를 쓰지 않고 도형을 활용하여 현재의 진행 정도를 보기 좋게 표현했습니다.

결(結), 영화의 엔딩 크레딧 같은 마지막 슬라이드 영화의 마지막은 여운을 남기는 배경음악과 함께 엔딩 크레딧으로 마무리됩니다. 관객들은 그제서야 영화가 완전히 끝났다는 것을 인지하고 밖으로 나가기도 하고, 일부는 여운과 감동을 느끼기 위해 끝까지 자리를 지키기도 하지요. 프레젠테이션의 마지막 슬라이드는 영화의 엔딩 크레딧과 비슷한 역할을 해냅니다.

주로 '감사합니다', '슬라이드 쇼가 끝났습니다' 등의 텍스트로 마무리하고, 프레젠테이션 주제를 한번 더 노출하거나 표지 슬라이드에 사용한 이미지를 그대로 가져와 여운을 이어갈 수도 있습니다. 향후 청중의 질의 등을 받을 수 있는 이메일이나 SNS 정보를 함께 보여주는 것도 좋습니다.

⋀ 마지막 슬라이드

디자인의 자연스러운 흐름을 위한 슬라이드 배경의 강약중강약 ▼

프레젠테이션 디자인의 목적을 고려하면, 시각적으로 심하게 튀지 않고 프레젠테이션 주제를 청중에게 정확히 전달하는 디자인이 성공적인 디자인이라고 할 수 있습니다. 하지만 동일한 디자인이 지속적으로 단조롭게 반복된다면 오히려 청중은 지루함을 느껴 집중력이 낮아질 수도 있습니다.

그러므로 프레젠테이션 디자인에도 흐름을 적용해야 합니다. 임팩트가 필요한 부분에서는 강하게, 가볍게 지나쳐도 되는 부분은 약하게 디자인에 강약을 부여하여 흐름을 만드는 것입니다. 앞에서 알아본 슬라이드 종류별로 단조로우면 좋은 슬라이드와 약간은 변칙적으로 단조로움을 피할 수 있는 슬라이드를 구분해 적용하면 전체적으로 프레젠테이션 디자인이 너무 튀지도 않으면서 디자인의 완성도와 집중도를 동시에 높일 수 있습니다.

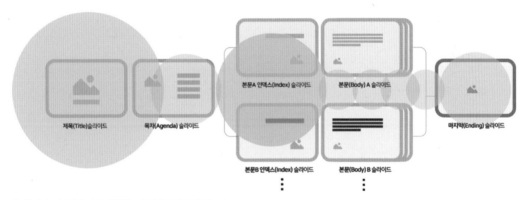

∧ 슬라이드 종류에 따라 강약을 조절하여 흐름을 만듭니다.

예를 들어, 여러 장의 슬라이드로 구성된 본문 슬라이드라면 디자인의 통일성과 본문 내용의 강조가 매우 중요하기 때문에 단조로움을 추구해야 하는 대표적인 슬라이드입니다. 반면에 표지 슬라이드는 한 장으로 많은 내용을 암시해야 하기 때문에 본문 슬라이드보다 인상적이고 강력하게 디자인하면 좋습니다.

프레젠테이션 디자인의 비율

짱구는목말러

슬라이드 크기가 16:9일 때와 4:3일 때 큰 차이가 있나요?

비범한 츈

상대적으로 16:9가 4:3에 비해 가로 폭이 넓지요? 이 차이는 슬라이드를 디자인할 때 가장 큰 변수가 될 수 있습니다. 정보를 넣을 수 있는 양이 바뀔 수 있고, 사용할 글꼴이나 배치할 이미지의 크기가 크게 바뀔 수도 있습니다!

짱구는목말러

아하, 그래서 처음에 어떤 비율을 사용할지 미리 정하는 게 매우 중요하군요!

4:3 vs. 16:9 ▼

전시회 출품을 위해 그림을 그릴 때 규격화된 캔버스를 찾듯 프레젠테이션 디자인을 시작할 때 가장 먼저 선택해야 할 게 슬라이드의 크기입니다. 일반적으로 사용하는 슬라이드 크기는 가로:세로 비율을 기준으로 표준인 4:3과 와이드인 16:9의 두 종류입니다.

⌃ 키노트에서 슬라이드 크기 선택에 따른 차이: 섬네일을 보면 여백이나 이미지 비율 등이 다른 것을 알 수 있습니다.

슬라이드 크기는 프레젠테이션 환경에 큰 영향을 받는 요소로, 프레젠테이션할 때 사용하는 빔프로젝터나 대형 모니터에서 지원하는 해상도에 맞춰야 합니다.

빔프로젝터를 이용한 프레젠테이션 오른쪽 사진처럼 대규모 홀에서 프레젠테이션을 진행한다면 대부분 무대 앞쪽에 거대한 스크린을 설치하고 빔프로젝터를 활용하여 슬라이드를 보여줍니다. 스크린이 클수록 청중이 느끼는 몰입감과 압도감은 커지는데, 빔프로젝터의 성능에 따라 주변의 조명이 어두워야 시야가 제대로 확보된다는 단점이 있습니다. 과거에는 빔프로젝트를 이용해 프레젠테이션을 할 때 4:3 비율이 주를 이루었는데 점차 16:9 비율로 바뀌는 추세입니다.

모니터를 이용한 프레젠테이션 요즘은 모니터가 대형화되면서 회의실의 빔프로젝터 자리를 대형 회의용 모니터가 대체하곤 합니다. 모니터는 빔프로젝터에 비해 주변 조명의 영향 없이 선명한 화면을 보여주지만, 빔프로젝터에 비하면 화면 크기가 작습니다. 최근 출시되는 모니터는 성능이 매우 좋아 고해상도를 지원하며, 기본 비율은 16:9를 제공합니다.

 생각보다 많이 다른 4:3과 16:9의 차이를 느껴보자 ▼

4:3 비율과 16:9 비율의 슬라이드는 생각보다 큰 차이가 있습니다. 이 두 가지 슬라이드에서 표현되는 픽셀 수, 즉 해상도로 비교해보면 4:3 슬라이드는 1024×768이고, 16:9 슬라이드는 1920×1080(또는 1280×720)입니다. 이 비율 차이는 슬라이드 위에 배치되는 오브젝트들의 레이아웃과 그리드에 큰 영향을 끼치는데, 이는 16:9 비율이 4:3 비율보다 넣을 수 있는 정보량이 상대적으로 더 많음을 의미합니다. 실제로 사진이나 슬라이드에서 어떻게 차이가 나는지 살펴보겠습니다.

︿ 같은 사진에서 비율에 따라 담을 수 있는 풍경의 범위가 확연히 차이 납니다.

︿ 슬라이드에서 같은 크기로 제목을 작성했을 때 여백 차이가 두드러집니다. 16:9 비율에서 배경 이미지를 더 길게 사용하고, 오브젝트를 좀 더 크게 배치했습니다.

︿ 16:9 비율의 넓은 공간을 채우기 위해 이미지들을 조금씩 더 크게 배치했습니다.

사례 하나를 더 살펴보겠습니다. 다음 이미지는 16:9와 4:3의 공간 차이를 확실하게 보여주는 결과입니다. 16:9 슬라이드와 4:3 슬라이드에 배치한 이미지 오브젝트는 모두 같은 크기로 배치한 것입니다. 16:9 비율에서는 한 장의 슬라이드에 6개까지 무리 없이 배치할 수 있지만, 4:3 비율에서는 3개가 최대입니다.

∧ 비율 차이는 본문에서 오브젝트를 배치할 때 명확하게 나타납니다.

물론 4:3 비율에서 이미지 오브젝트의 크기를 줄이면 NG 슬라이드와 같이 6개를 배치할 수 있습니다. 하지만 그렇게 하면 이미지 크기가 너무 작아서 어떤 내용을 담고 있는지 식별하기가 어렵습니다. 또한 16:9 비율에서와 달리 위아래로 여백이 많이 남아 어색한 느낌이 듭니다. 그러므로 4:3 비율에서는 이미지 크기를 원래대로 키우고 본문 슬라이드를 한 장 더 추가하여 두 장의 슬라이드로 구성하는 것이 최적의 선택이라고 할 수 있습니다.

 프레젠테이션 환경에 따라 슬라이드 비율을 변경해야 할 때 ▼

한때 지상파 방송이 아날로그 방송에서 디지털 방송으로 대전환되는 시기가 있었습니다. 지금은 거의 볼 수 없는 브라운관 텔레비전(4:3 비율)에서 요즘 나오는 텔레비전과 유사한 직사각형 형태의 디지털 텔레비전(16:9 비율)으로 한창 교체되던 시기이기도 했습니다. 당시 방송국에서는 미처 16:9 비율의 콘텐츠를 준비하지 못해 4:3 비율 그대로 방송을 송출하기도 했는데요, 이런 콘텐츠는 디지털 텔레비전의 화면 좌우에 검은색 바가 표시되어 시청할 때 답답함을 느끼기도 했습니다.

프레젠테이션도 마찬가지입니다. 16:9 비율의 환경인 것을 인지하지 못하고 디자인을 4:3 비율로 준비했다면 화면 좌우에 검은색 바가 생길 수 있으며, 이는 시각적으로 매우 답답한 인상을 주게 됩니다. 그러므로 애초에 확실하게 프레젠테이션 환경을 점검하는 것이 중요합니다.

다양한 슬라이드 크기 바꾸기 불행 중 다행으로 디자인을 수정할 시간이 충분하다면 비율에 맞춰 수정 작업을 진행하면 됩니다. 하지만 수정할 시간이 없다면, 급한 대로 키노트나 파워포인트에서 제공하는 슬라이드 크기 변경 기능을 사용해야 합니다. 이 기능을 사용하면 현재 완성한 프레젠테이션 디자인의 비율을 상황에 따라 16:9에서 4:3으로 혹은 그 반대로 쉽게 변환할 수 있습니다. 또한 와이드와 표준 외에도 다양한 비율로 변경할 수 있어 프레젠테이션 외에 문서 작업 등의 목적으로 사용할 때도 활용할 수 있습니다. 단, 고정된 비율을 변경하면 오브젝트들의 레이아웃이 심하게 변경될 수 있으므로 중요한 작업이라면 혹시 모를 실수에 대비해 원본을 복제해놓고 작업하는 등의 세심한 주의가 필요합니다.

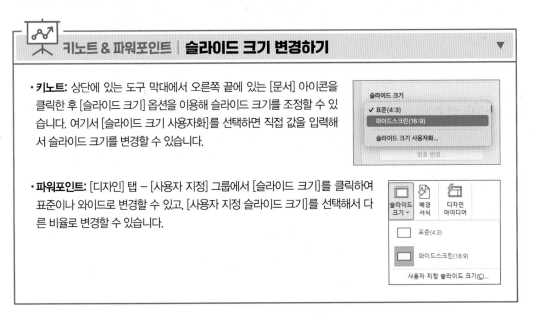

> **키노트 & 파워포인트 | 슬라이드 크기 변경하기** ▼
>
> - **키노트:** 상단에 있는 도구 막대에서 오른쪽 끝에 있는 [문서] 아이콘을 클릭한 후 [슬라이드 크기] 옵션을 이용해 슬라이드 크기를 조정할 수 있습니다. 여기서 [슬라이드 크기 사용자화]를 선택하면 직접 값을 입력해서 슬라이드 크기를 변경할 수 있습니다.
>
> - **파워포인트:** [디자인] 탭 – [사용자 지정] 그룹에서 [슬라이드 크기]를 클릭하여 표준이나 와이드로 변경할 수 있고, [사용자 지정 슬라이드 크기]를 선택해서 다른 비율로 변경할 수 있습니다.

슬라이드의 비율 변화에 따른 레이아웃의 변화 앞서 비율에 따른 디자인을 비교해봤으니, 그 차이가 얼마나 큰지 느꼈을 겁니다. 당장 급한 상황에서 프로그램에 있는 기능으로 슬라이드 크기를 강제 변환한 만큼 오브젝트나 레이아웃이 멀쩡할 리 없습니다. 그러니 전체적으로 살펴보면서 정리하는 작업이 필요합니다. 그나마 4:3에서 16:9로 변경한 디자인은 여백이 추가되는 정도로 가벼운 변화만 있으므로 당장 프레젠테이션을 진행하는 데 큰 무리는 없습니다. 반대로 16:9에서 4:3으로 변경했다면 레이아웃이 심하게 흩어질 수 있습니다. 일부 텍스트는 레이어 겹침 현상이 발생할 수도 있으니 자동 변환 후 꼼꼼한 점검이 필요합니다.

︿ 4:3에서 16:9로 변경하면 여백이 추가되는 정도로 가볍게 변경됩니다.

︿ 16:9에서 4:3으로 변환하면 텍스트 겹침 현상 등 레이아웃이 심하게 변경됩니다.

사람의 눈은 좌우로 넓은 이미지를 볼 때 생생한 느낌을 받는다 ▼

키노트나 파워포인트에서는 4:3 비율과 16:9 비율을 선택할 수 있습니다. 이 두 가지 비율은 청중의 눈에 익숙한 비율이기 때문에 디자인할 때 프레젠테이션 환경에 맞출 수 있도록 제공하는 것입니다.

앞서 다양한 사례 이미지를 봤을 때 4:3 비율과 16:9 비율의 특성을 분명히 알 수 있습니다. 4:3 비율은 좌우 여백이 적고 가로와 세로의 차이가 크지 않아 정보를 빈틈없이 채워 보여줄 수 있어 가독성이 좋으며, 안정감 있는 레이아웃을 배치할 수 있습니다. 한편 16:9 비율은 4:3 비율에 비해 좌우가 길어서 시원하게 보이는 화면을 연출할 수 있으며, 사진이나 동영상 등의 멀티미디어 자료를 드라마틱하게 보여줄 수 있습니다.

어느 비율이 더 좋다고 할 수는 없지만 사람의 눈은 상하보다는 좌우로 넓게 볼 때 생생한 느낌을 더 받는 것으로 알려져 있습니다. 최근 우리가 소비하는 대부분의 콘텐츠가 16:9 비율로 제공되는 것도 이런 이유 때문입니다. 그러므로 시간이 지날수록 4:3 비율은 줄고 16:9 비율을 뛰어넘는 와이드 비율의 콘텐츠가 늘어날 것으로 예상됩니다.

︿ 2003년, 2007년 애플 맥월드에서는 4:3 비율을 사용했습니다.

ⵜ 2017년에는 16:9 비율을, 2019년에는 16:9보다 더 넓은 와이드 화면을 사용했습니다.

프레젠테이션의 대명사라고 할 수 있는 애플의 지난 프레젠테이션 기록을 보면 화면 비율 변화가 두드러지게 나타납니다. 과거 4:3 비율에서 16:9 비율로 바뀌었고 최근에는 16:9 이상의 와이드 비율로 프레젠테이션을 진행하고 있습니다.

프레젠테이션은 시각적인 부분을 많이 활용한 커뮤니케이션입니다. 텍스트를 최소화하여 몰입감을 높이는 프레젠테이션이 대세가 되는 요즘 4:3 비율보다는 16:9(혹은 더 넓은 와이드 비율) 비율로 자연스럽게 기준이 변하는 추세입니다. 하지만 대세는 대세일 뿐, 무엇보다 중요한 것은 프레젠테이션 환경에 맞춰 슬라이드 크기를 정해야 한다는 점입니다.

춘's 컨설팅 4:3 비율에서 16:9 비율처럼 표현하기

분명 4:3 비율의 슬라이드인데 마치 16:9 비율인 것처럼 넓어 보이는 효과를 내는 방법이 있습니다. 이 방법은 영상 편집에서 사용하는 기법인데요. 4:3 비율로 촬영된 영상의 아래와 위에 검은색 바(레터박스)를 넣어 와이드한 느낌을 표현합니다. 매우 간단한 방법이지만 레터박스로 와이드 비율의 생생한 느낌을 전달할 수 있습니다.

≪ 4:3 비율의 기본 슬라이드

≪ 레터박스를 활용하여
16:9 비율처럼 보이는
4:3 비율의 슬라이드

LESSON 05

슬라이드 위에 효과적으로 디자인 요소를 배치하려면?

 신밧드의 보험

프레젠테이션 디자인에서 레이아웃(Layout)이 필요해요?

 비범한 쭌

프레젠테이션 목적을 청중에게 정확하게 전달하려면 디자인 요소와 정보를 어떻게 배치해야 효과적일지 고민해야 해요. 디자인 요소 배치에 정답은 없지만, 이러한 배치가 프레젠테이션의 인상을 좌우할 수 있기 때문에 매우 중요해요.

 신밧드의 보험

아 그렇군요. 그렇다면 그리드(Grid)는 또 뭔가요?

 비범한 쭌

그리드는 디자인에서 표면적으로 보이진 않지만, 레이아웃을 쉽게 잡을 수 있게 보이지 않는 가이드 역할을 하죠. 그러니까 원하는 레이아웃에 맞게 배치하려면 중심이 되는 그리드가 꼭 필요하겠죠?

 신밧드의 보험

매번 슬라이드를 디자인할 때마다 이런 과정이 필요할까요?

 비범한 쭌

본격적으로 디자인을 시작할 때 그리드를 상상하는 걸 습관화하면 빠른 디자인을 할 때 도움을 받을 수 있어요. 이런 습관이 체득되면 그리드 그리기 과정을 생략하더라도 가상의 그리드를 상상해낼 수 있지요.

 ### 레이아웃의 핵심, 어떻게 효과적으로 요소들을 배치할 것인가? ▼

레이아웃(Layout)의 사전적인 의미를 찾아보면 "책, 정원, 건물 등의 배치"라는 뜻이 있습니다. 즉, 배치에 큰 의미를 둔 단어이며, 편집 디자인에서 가장 기본이 되는 개념입니다. 현재 가지고 있는 디자인 요소(정보)들을 어떻게 배치해야 정보를 쉽고 효과적으로 전달할 수 있을지에 대한 고민이 디자인 레이아웃의 핵심입니다.

이런 개념은 프레젠테이션 디자인에서도 마찬가지로 적용됩니다. 주로 명확한 주제를 전달하기 위한 큰제목과 소제목, 본문에 사용되는 텍스트 요소, 감성적으로 의미를 전달할 이미지 또는 동영상 등의 요소, 좀 더 객관적인 사실을 전달하기 위한 차트나 표와 같은 요소들을 한 장 혹은 여러 장의 슬라이드에 효과적으로 배치하는 작업을 레이아웃이라고 이야기합니다.

 춘's 컨설팅 한 마디로 정리하면 프레젠테이션 디자인의 성공적인 레이아웃이란 디자인을 시작하기 전 계획한 프레젠테이션의 목적을 청중에게 군더더기 없이 명확하게 전달하는 방법이라고 할 수 있습니다.

위 두 슬라이드를 비교해보세요. 청중에게 보여줄 텍스트 요소와 이미지 요소가 배치되어 있는 건 동일합니다. 하지만 NG 슬라이드는 청중에게 의미 있는 정보를 전달하기가 어려워 보입니다. 반면 Good 슬라이드는 이미지 위치를 조정하고, 텍스트의 폰트나 크기를 조정하는 등 레이아웃에 변화를 주어 슬라이드 공간을 효과적이고 짜임새 있게 활용하였습니다. 이와 같은 레이아웃 변화를 통해 청중에게 좀 더 효과적으로 정보를 제공할 수 있습니다. 이처럼 디자인의 첫인상은 레이아웃에 따라 크게 좌우되며, 각 슬라이드에서 일정하게 적용된 레이아웃은 전체 프레젠테이션을 진행할 때 디자인의 통일감과 완성도를 높일 수 있습니다.

보이지 않는 그리드의 마법 ▼

어떻게 해야 정보를 효과적으로 배치할 수 있는가에 대한 고민이 레이아웃의 핵심 포인트라고 했습니다. 얼핏 들으면 레이아웃이라는 것이 매운 쉬운 작업처럼 생각됩니다. 하지만 막상 하려고 하면 생각보다 쉬운 일이 아님을 알게 될 겁니다. 그래서 레이아웃을 만들 때 그 수고를 조금이라도 덜어주기 위해 등장한 것이 바로 그리드(Grid)라는 개념입니다.

그리드는 수직, 수평에 같은 간격으로 배치된 가상의 격자 모양 가이드입니다. 보이지 않는 그리드를 기준으로 우리가 가진 디자인 요소들을 자유롭게 배치하는 것, 즉 레이아웃을 만드는 것이죠. 그리드를 이용하면 배치의 기준이 되기 때문에 훨씬 빠르게 일정 수준 이상의 프레젠테이션 디자인을 완성할 수 있습니다. 결과적으로 그리드는 일정한 레이아웃을 유지하는 비결이므로 전체적으로 디자인에 통일성을 주는 일등 공신이라 할 수 있습니다.

위 사례를 살펴보세요. 얼핏 봐도 디자인의 통일성을 확인할 수 있죠? 아래 사례는 여기에 가상의 그리드를 겹쳐본 것입니다. 전체 슬라이드에서 동일한 디자인 요소들이 대부분 정확하게 같은 위치에 배치되어 레이아웃이 깔끔하게 맞아 떨어지는 것을 알 수 있습니다. 이것이 바로 보이지 않는 그리드의 마법 같은 효과입니다. 그리드는 디자인할 때는 레이아웃에 큰 도움을 주고, 프레젠테이션을 보는 청중에게는 안정감을 줍니다.

  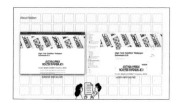

 ## 슬라이드에서 효과적인 그리드를 설정하는 방법 ▼

그리드는 가상의 선이지만 그리드에 익숙하지 않다면 프레젠테이션 디자인을 시작하기 전에 눈에 보이는 가이드라인을 표시해두고 디자인을 시작하는 것이 좋습니다. 이렇게 차츰 그리드에 익숙해지고 능숙해지면 언젠가는 가이드라인 과정을 자연스럽게 생략할 수 있습니다. 그렇다면 슬라이드에서 그리드는 어떻게 설정하는 것이 좋을까요?

슬라이드의 상하좌우 여백 고려하기 슬라이드에서 그리드를 구성할 때 가장 먼저 고민할 것은 상하좌우 여백입니다. 정답이 있는 것은 아니지만 여백이 적을수록 답답해 보일 수 있습니다. 그렇다고 여백을 너무 많이 잡으면 오브젝트를 배치할 디자인 공간이 줄어들어 전체 슬라이드 수가 지나치게 늘어날 수 있으므로 적절한 여백을 유지하는 게 좋습니다. 또한 화면을 보는 청중의 시각적인 안정성을 위하여 좌우 여백보다 상하 여백을 조금 더 많이 설정하는 것이 좋습니다. Link 여백의 중요성에 대해서는 078쪽에서 자세히 다룹니다.

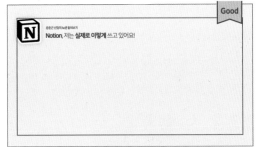

⌃ NG 슬라이드는 여백(붉은 선 바깥쪽)이 너무 없어 화면의 여유가 없어 보입니다. 반면 Good 슬라이드는 여백이 충분하여 시각적 안정감을 느낄 수 있습니다.

구성에 따라 그리드 박스 크기 고려하기 그리드의 기본 단위를 크게 설정하면 전체적으로 정돈되어 보이지만 오브젝트를 배치할 때 상대적으로 자유도가 낮아지므로 다양한 레이아웃을 시도하는 데 한계가 있습니다. 반면, 그리드의 기본 단위를 작게 설정하면 오브젝트를 배치할 때 자유도가 높아져 다양한 레이아웃을 시도할 수 있지만, 전체적으로 정돈된 느낌이 떨어질 수 있습니다. 그러므로 슬라이드에 배치할 오브젝트가 적다면 그리드의 기본 단위를 크게 설정하고, 오브젝트가 많다면 그리드 박스를 작게 설정하는 게 좋습니다.

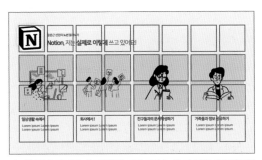

⌃ 기준 그리드를 넓게 잡으면 레이아웃의 자유도가 낮아지고, 기준 그리드를 좁게 잡으면 레이아웃의 자유도가 높아 더 많은 오브젝트를 배치할 수 있습니다.

프레젠테이션 환경 고려하기 프레젠테이션 환경은 슬라이드 크기(비율)를 선정하는 데 많은 영향을 미친다고 했는데요, 그리드 설정에도 영향을 미칠 수 있습니다. 먼저 오른쪽 사진에서 청중이 보고 있는 화면을 주의 깊게 보세요.

55인치 모니터 9대를 3×3 배열로 붙여서 하나의 대형 화면을 만든 상황입니다. 최근 모니터 테

⌃ 여러 대의 모니터를 붙여 만든 스크린

두리인 베젤이 얇아지는 추세지만 여전히 베젤이 있는 모니터들이 있습니다. 따라서 위와 같은 상황

에서는 어쩔 수 없이 모니터와 모니터 사이에서 슬라이드 화면이 일부 가려집니다. 만약 이런 프레젠테이션 환경이라면 애초에 그리드를 9개로 분할하여 베젤의 영향을 최소화할 수 있습니다.

⌃ 3×3 배열로 그리드를 구성한 레이아웃

 키노트 & 파워포인트 | 가이드 이미지를 그리드로 사용하기　▼

그리드를 위한 가이드라인은 도형 도구를 활용하여 그릴 수 있습니다. 매번 도형 도구로 새로운 가이드라인을 표시하기 번거롭다면 가이드라인으로 사용할 수 있는 이미지를 활용해보세요. 아래 주소의 포스트에서 다운로드할 수 있습니다.

https://brunch.co.kr/@forchoon/483

제공하는 이미지 파일을 다운로드하면 4:3 비율과 16:9 비율에 해당하는 크고 작은 가이드 이미지가 있습니다. 이 이미지 파일을 슬라이드에 배치한 후 디자인 작업에 방해되지 않게 정렬 기능 등을 사용해 맨 뒤로 보냅니다. 그런 다음 디자인 중에 선택되거나 방해되지 않도록 해당 이미지를 잠금 처리하고 디자인을 시작하세요.

- **키노트 잠금 처리:** 가이드 이미지를 선택한 후 ⌘command⌘+⌊K⌋를 눌러 잠글 수 있고, ⌊option⌋+⌊command⌋+⌊K⌋를 눌러 잠금 해제할 수 있습니다.
- **파워포인트 잠금 처리:** 파워포인트에는 별도로 이미지를 잠글 수 있는 기능이 없습니다. 대신 슬라이드 마스터 기능을 활용하면 됩니다. [보기] 탭 – [마스터 보기] 그룹에서 [슬라이드 마스터]를 클릭하여 슬라이드 마스터를 실행하고, 왼쪽 목록에서 본문 마스터를 찾아 배경에 가이드 이미지를 적용하면 됩니다.

 하나의 기준 그리드에 표현되는 다양한 레이아웃　▼

자칫 어려워 보이는 그리드와 레이아웃의 개념을 좀 더 쉽게 이야기해보겠습니다. 지금 살고 있는 방을 떠올려보세요. 사각형 모양의 방 안에 다양한 종류의 가구와 가전, 식물들이 있을 겁니다. 바꿀 수 없는 방의 기본 생김새를 그리드라고 정의하고, 그 안에 채워진 것들을 보기 좋게 배치하는 일을 레이아웃이라고 이야기할 수 있습니다. 단단한 재료로 완성된 방(그리드)은 바꿀 수 없지만, 그 안에서 아이템들의 위치는 마음대로 바꿀 수 있습니다 (레이아웃). 방 주인의 취향이나 감성을 반영하여 무궁무진하게 다양한 배치로 바뀔 수 있는 것이죠.

프레젠테이션 디자인의 그리드와 레이아웃도 마찬가지입니다. 그리드에 모든 디자인 요소를 가둔다고 생각하면 레이아웃의 자유도가 떨어진다고 여기기 쉽지만, 실상은 반대입니다. 최초에 설정한 기준 그리드에 따라 표현할 수 있는 레이아웃은 매우 다양해집니다. 아래의 예시를 통해 하나의 그리드로 얼마나 다양한 레이아웃을 표현할 수 있는지 살펴보세요.

〈 다양한 애플 기기로 레이아웃한 작업 공간

〈 하나의 그리드에서 동일한 오브젝트로 표현한 다양한 레이아웃

하나의 동일한 그리드라도 사용할 오브젝트를 어떻게 배치하느냐에 따라 위의 예시들처럼 다양한 형태의 레이아웃이 가능하다는 것을 알 수 있습니다. 그리드의 간격과 개수는 정해져 있는 게 아니니 여러분의 프레젠테이션에 맞는 개수와 형태를 찾아 적용하기만 하면 됩니다.

프레젠테이션 디자인에 어울리는 레이아웃 & 그리드 살펴보기 ▼

레이아웃과 그리드에 대한 이해가 좀 더 확실하게 잡혔을 테니 슬라이드 종류에 따라 어울리는 그리드와 상황에 맞는 적절한 레이아웃을 살펴보겠습니다. 특히 디자인 레이아웃은 슬라이드 종류에 따라 어울리는 대표적인 스타일을 파악해놓으면 디자인 작업 속도를 높일 수 있습니다. 여기서는 가장 광범위하게 사용될 수 있는 표지, 본문 슬라이드 위주로 다양한 레이아웃을 소개합니다.

풀 그리드 레이아웃 풀 그리드 레이아웃은 슬라이드 전체 영역을 이미지로 채우는 레이아웃입니다. 주로 제목 슬라이드나 이미지 위주의 본문 슬라이드에서 사용하고, 대형 화면으로 프레젠테이션을 진행하면 청중을 압도할 수 있습니다. 여기에 간단한 텍스트를 배치하는 방식으로 해당 슬라이드 내용에 대한 이해도를 높일 수도 있습니다.

︽ 애플의 프레젠테이션에서 사용한 풀 그리드 레이아웃

︽ 풀 그리드 레이아웃을 사용할 때 사용하는 이미지의 해상도가 낮으면 완성도가 떨어져 보입니다. 프레젠테이션 화면이 클수록 해상도에 주의해야 합니다.

1단 그리드 레이아웃 청중에게 말하고자 하는 핵심 메시지를 효과적으로 전달할 수 있는 방법이며 프레젠테이션 디자인에서 가장 보편적으로 사용하는 형태입니다.

△ 애플의 프레젠테이션에서 사용한 1단 그리드 레이아웃

2단 그리드 레이아웃 본문이 길어지거나 보편적인 그리드 사용을 탈피하기 위한 목적으로 2단 그리드 레이아웃을 사용할 수 있습니다. 1단 그리드 레이아웃에 비해 공간을 효율적으로 활용할 수 있지만, 디자인 요소나 정보가 많을수록 각 요소의 가독성 확보에 신경 써야 합니다.

△ 애플의 프레젠테이션에서 사용한 2단 그리드 레이아웃

 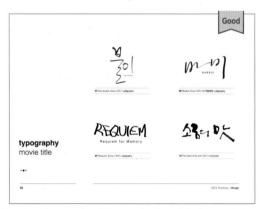

△ 한쪽에 너무 많은 텍스트가 배치되면 가독성이 떨어집니다. 주요 텍스트만 남기고 나머지는 이미지 등으로 대체하거나 삭제하는 것이 좋습니다.

안정감 있는 슬라이드를 위한 신박한 레이아웃 법칙

아프리카
청춘이다

슬라이드 레이아웃에서 가장 중요한 건 뭘까요?

비범한 츈

청중이 프레젠테이션을 보았을 때 특별히 튀어 보이지 않도록 디자인하는 것이 가장 중요해요! 그러려면 디자인 요소들을 서로 균형감 있게 배치하여 안정감을 주는 게 중요할 것 같아요!

아프리카
청춘이다

안정감을 주는 레이아웃이라… 말은 쉽지만 쉬워 보이지 않는데요?

비범한 츈

레이아웃에 대한 고민은 프레젠테이션 디자인에만 적용되는 게 아니에요. 영화를 촬영하거나 사진을 찍을 때도 필요한 고민이지요. 다양한 분야에서 사용 중인 검증되고 안정감을 느낄 수 있는 레이아웃 법칙들을 참고하면 도움이 많이 될 거예요!

주변에서 흔히 볼 수 있는 안정적인 레이아웃 ▼

잠시 아래 사진 이미지를 감상해보세요! 사진을 보고 있으니 마음이 편안해지지 않나요? 사람의 눈은 매우 예민하기 때문에 평온한 이미지를 보면 심리적 안정감을 얻습니다. 그렇다면 이런 안정감은 어떻게 표현하는 것일까요? 우리가 무심코 본 사진에서 안정감을 느낀 이유는 신박한 레이아웃 법칙이 지켜지고 있기 때문입니다.

사람이 느끼는 심리적 안정감은 우리가 자주 접하는 책이나 잡지 같은 편집 디자인에도 동일하게 적용됩니다. 신문이나 잡지를 볼 때, 텍스트를 읽을 때 아무런 거부감 없이 오롯이 내용에 집중하게 하는 안정감이 느껴졌다면 그것은 지면 안에서 디자인의 균형이 잘 지켜지고 있기 때문입니다.

프레젠테이션 디자인도 마찬가지입니다. 청중이 프레젠테이션 화면을 보면서 오롯이 내용에 집중하고 시각적인 안정감을 느낄 수 있으려면 배치되는 디자인 요소와 정보들의 '균형'과 '안정감'이 매우 중요합니다.

 ## 레이아웃에 따라 느껴지는 슬라이드의 균형감이 다르다 ▼

각각의 슬라이드에서 디자인 요소들의 레이아웃이 균형감을 잘 갖추고 있다면 청중은 심리적으로 안정감을 느끼게 된다고 이야기했습니다. 그렇다면 그 균형감은 어떻게 해야 갖출 수 있을까요? 프레젠테이션 디자인에서 고려할 수 있는 균형에는 왼쪽 균형, 가운데 균형, 오른쪽 균형, 대칭 균형, 비대칭 균형 등이 있습니다. 프레젠테이션 디자인에서 많이 사용하는 균형 위주로 디자인이 어떻게 달라지는지 예시를 살펴보겠습니다.

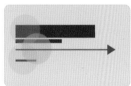 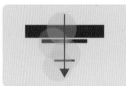 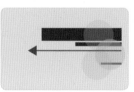

왼쪽 균형   가운데 균형   오른쪽 균형

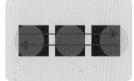 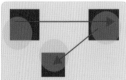

《 프레젠테이션 디자인의 대표적인 균형들로, 파란색 원은 청중의 시선이 머무는 곳이며, 붉은색 선은 시선의 흐름을 표시한 것입니다.

대칭 균형   비대칭 균형

왼쪽 균형 레이아웃 우리가 일반적으로 떠올리는 가장 기본적인 레이아웃이 왼쪽 균형입니다. 일상생활에서 책이나 신문을 볼 때 좌측에서 우측으로 읽는 것이 습관화되어 익숙하기 때문에 왼쪽 균형 레이아웃은 어색하지 않고 편안한 안정감을 제공합니다. 그러나 너무 일반화된 흔한 레이아웃이라 단조로운 느낌을 줄 수 있습니다.

가운데 균형 레이아웃 모든 디자인 요소를 슬라이드 가운데에 배치하는 레이아웃입니다. 좌우 여백이 동일하므로 균형감뿐 아니라 안정감이 가장 좋은 레이아웃입니다. 이러한 가운데 균형 레이아웃은 배치할 디자인 요소들이 적을 때 효과적입니다.

오른쪽 균형 레이아웃 오른쪽 균형 레이아웃은 시선의 방향이 자연스럽지는 않기 때문에 일반적으로 사용하는 레이아웃은 아닙니다. 하지만 디자인 요소가 적은 제목 슬라이드나 인덱스 슬라이드에서 사용하면 효과적인 균형을 유지할 수 있습니다.

대칭 & 비대칭 균형 레이아웃 대칭 균형 레이아웃은 왼쪽이나 중앙에 몰리지 않고, 좌우 또는 상하로 디자인 요소를 균등하게 배치하는 레이아웃입니다. 즉, 중심을 기준으로 반으로 접으면 정확히 맞아떨어집니다. 상대적으로 비슷한 크기의 요소들을 배치할 때 효과적이며, 가장 균형감 있는 레이아웃입니다.

반면, 비대칭 균형 레이아웃은 다른 레이아웃에 비해 디자인 요소의 배치가 자유롭습니다. 파격적인 배치로 자칫 산만하게 보일 수 있지만, 그만큼 개성이 강한 디자인이 될 수도 있습니다. 전체 슬라이드 중에서 특별히 강조하고 싶은 것이 있다면 변칙적으로 비대칭 균형 레이아웃을 사용해보는 것도 좋습니다.

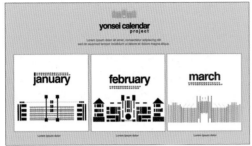

︽ 대칭 균형 레이아웃

︽ 비대칭 균형 레이아웃

삼각형 & 역삼각형 구도 삼각형 구도는 무게중심이 아래쪽에 있어 안정감을 느낄 수 있고, 역삼각형 구도는 무게중심이 위쪽에 있어 긴장감이 느껴집니다.

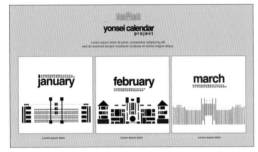

︽ 삼각형 구도

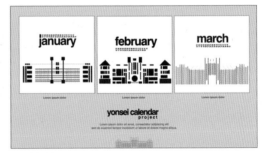

︽ 역삼각형 구도

 디자인 요소의 무게감을 조절하여 적절하게 배치한다 ▼

슬라이드에 배치할 오브젝트들은 직접 만질 수 없지만 크기와 색감에 따라 무게감이 느껴집니다. 앞서 살펴본 균형 있는 레이아웃에 오브젝트의 무게감을 잘 활용하면 무게중심이 잘 잡힌 안정감 있는 레이아웃을 완성할 수 있습니다. 무겁거나 가벼운 오브젝트들을 적재적소에 배치하여 한 장의 슬라이드 안에서 디자인 강약을 잘 맞추는 것이 포인트입니다. 어떻게 무게감을 조절할 수 있는지 구체적인 방법을 살펴보겠습니다.

크기로 무게감 조정 가장 간단한 방법이며, 슬라이드 위에 배치된 이미지나 텍스트 등의 크기로 강약을 조절합니다. 다음 그림에서 A와 B의 크기가 같을 때는 무난해 보입니다. 그러나 크기에 확연한 차이를 두니 자연스럽게 시선이 A로 쏠리면서 슬라이드의 무게중심이 변경되었습니다. 즉, 디자인 요소가 클수록 강조되며, 디자인 요소가 작을수록 상대적으로 큰 요소에 시선이 먼저 쏠리므로 약한 느낌이 연출됩니다.

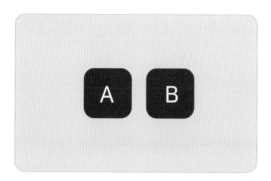 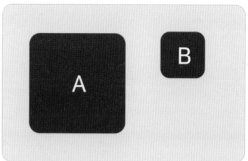

 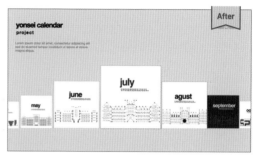

︿ 처음에는 디자인 요소들의 크기가 비슷하여 디자인의 강약이 느껴지지 않았으나 이미지와 텍스트의 크기를 조절하여 슬라이드에 강약이 생겼습니다.

색상, 톤으로 무게감 조정 이미지, 텍스트 등의 색상이나 톤으로도 강약을 조절할 수 있습니다. 일반적으로 색상이 강렬할수록 무게감이 느껴지고, 색이 옅거나 투명도가 높을수록 무게감은 현저히 떨어집니다. 아래 그림에서 왼쪽 그림은 A가 B보다 크지만 B의 색상이 선명하여 시선이 B로 먼저 향합니다. 오른쪽 그림의 A처럼 크기도 크고 색상도 더욱 선명하다면 두말할 것도 없이 시선은 A를 향하겠죠? 기본적으로 프레젠테이션 도구에는 이미지의 투명도를 조절하는 옵션이 있습니다. 이미지가 투명해질수록 희미해지므로 시선은 투명도를 조절하지 않아 선명한 곳으로 향할 것입니다.

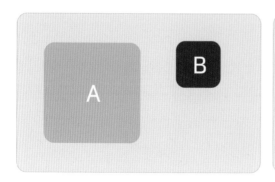 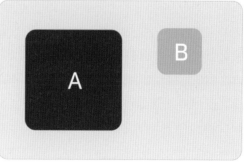

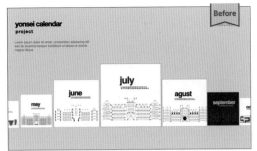
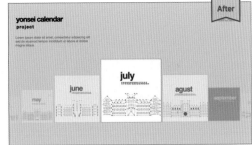

∧ 무채색 계열이므로 색보다는 톤을 조정하는 것이 좋습니다. 주변 이미지의 투명도를 조정함으로써 강조할 부분만 더 강하게 표현했습니다.

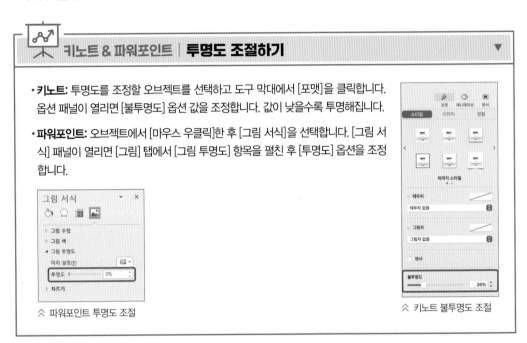

키노트 & 파워포인트 │ 투명도 조절하기

- **키노트:** 투명도를 조정할 오브젝트를 선택하고 도구 막대에서 [포맷]을 클릭합니다. 옵션 패널이 열리면 [불투명도] 옵션 값을 조정합니다. 값이 낮을수록 투명해집니다.

- **파워포인트:** 오브젝트에서 [마우스 우클릭]한 후 [그림 서식]을 선택합니다. [그림 서식] 패널이 열리면 [그림] 탭에서 [그림 투명도] 항목을 펼친 후 [투명도] 옵션을 조정합니다.

∧ 파워포인트 투명도 조절

∧ 키노트 불투명도 조절

슬라이드 안에서 강약을 조절하여 배치했다면 마지막으로 조정한 오브젝트들을 좀 더 보기 좋게 그리드에 맞춰 레이아웃을 완성하면 됩니다. 오른쪽 사례 슬라이드에서 레이아웃을 중앙 정렬로 바꾸고, 전체 이미지에 [반사 효과]를 적용하였으며, 가장 강조할 이미지에 [그림자 효과]를 추가하여 더욱 강하게 연출하였습니다.

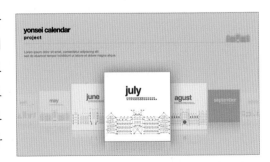

삼등분 법칙을 고려한다 ▼

삼등분의 법칙은 사진이나 광고 영상을 촬영할 때 많이 사용하는 구도입니다. 일종의 촬영용 그리드 기법이라고 할 수 있습니다. 카메라의 뷰파인더로 보이는 가상의 3×3 그리드에서 수직과 수평이 교차하는 지점이나 경계선에 피사체(촬영 대상)를 두고 촬영하면 시각적으로 좋아 보인다는 법칙입니다.

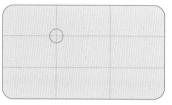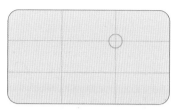
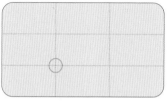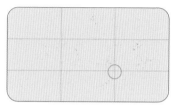
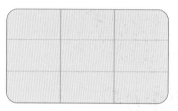

 츈's 컨설팅 아이폰 카메라에서 삼등분 가이드라인 사용하기

아이폰에서는 [설정] – [카메라]에서 [격자]를 활성화하면 삼등분 가이드라인을 사용할 수 있습니다.

아래 촬영된 실제 사진을 보면 정확하게 삼등분의 법칙을 기준으로 대상이 촬영되었음을 알 수 있습니다. 이로 인해 균형감과 안정감을 느끼게 된 것입니다.

⌃ 삼등분 법칙이 적용된 사진

마찬가지로 프레젠테이션 디자인에서 텍스트나 이미지 등의 요소를 배치할 때 삼등분의 법칙을 참고하여 레이아웃하면 중요한 내용은 더욱 부각할 수 있고, 전체적으로 균형감이 느껴지는 안정적인 슬라이드를 디자인할 수 있습니다.

⌃ NG 슬라이드는 강조하려는 대상이 명확하지 않고, 레이아웃 규칙이 적용되지 않아 단조롭습니다. 반면 Good 슬라이드는 삼등분의 법칙이 적용되어 안정적이며, 강조하려는 대상이 명확합니다.

 ## 삼등분 법칙을 활용한다 ▼

앞에서 살펴본 삼등분 법칙에 따라 하나의 오브젝트가 아닌 여러 오브젝트를 배치하기 위해 면적 비율을 따져 보면 1:2 혹은 2:1로 배치 영역을 나눌 수 있습니다. 이 면적 비율에 따라 색상 구분이나 이미지 등의 요소를 활용하여 구분하면 다양한 슬라이드 배경을 연출하면서 단조로움을 깰 수 있고, 동시에 균형감과 안정감을 전달할 수 있습니다.

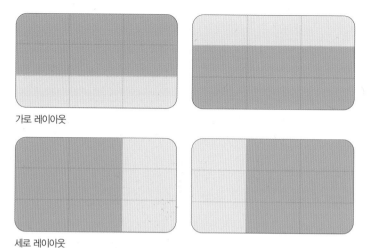

가로 레이아웃

세로 레이아웃

∧ 삼등분 법칙을 활용한 면적 구분

실제 슬라이드에 적용해보면 제목 슬라이드에서는 가로 2:1, 본문 슬라이드에서는 가로 1:2 면적 비율을 사용하기 좋으며, 사진을 활용하면 더욱 다양한 슬라이드를 연출할 수 있습니다. 이때 넓은 면적에 주요 콘텐츠를 배치해야 안정감과 균형감을 줄 수 있습니다.

∧ 주요 콘텐츠를 넓은 영역에 배치해야 안정감과 균형감을 줄 수 있습니다.

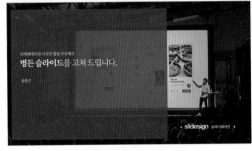

⌃ 1:2 면적 비율을 활용한 다양한 레이아웃 사례

면적 비율을 구성할 때 수직이나 수평만 고집할 게 아니라 대각선으로도 응용해볼 수 있습니다. 1:2 혹은 2:1 비율을 유지한 채 다음과 같이 대각선으로 레이아웃을 변형해 봐도 좋습니다.

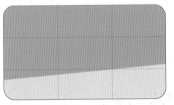

가로 대각선 레이아웃

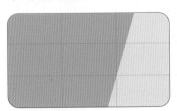
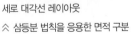
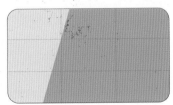

세로 대각선 레이아웃

⌃ 삼등분 법칙을 응용한 면적 구분

⌃ 삼등분 법칙을 응용한 다양한 사례

LESSON 07

비슷한 것끼리 모아서 정리하는 그룹핑

꼰대가르송

그루핑은 꼭 필요한 과정일까요?

비범한 춘

슬라이드에 배치할 오브젝트가 많을 때 우선순위를 정하거나 디자인의 강약을 조정하려면 그룹핑을 최우선으로 고려해야 해요. 즉, 비슷한 성격의 오브젝트끼리 묶는 작업을 먼저 해야 하지요.

 비슷한 것들은 최대한 가깝게 모은다 ▼

독일의 심리학자 막스 베르트하이머는 '게슈탈트 법칙'을 이야기하면서 사람들은 무의식적으로 비슷한 모양이나 근처에 있는 무리를 하나의 큰 덩어리로 인식한다고 하였습니다. 프레젠테이션 디자인에서도 이러한 심리를 이용하면 청중에게 정보를 좀 더 쉽고 정확하게 전달할 수 있습니다.

쉽게 말해서, 비슷한 정보는 가깝게 모아두고 그렇지 않은 정보들은 서로 간격을 유지하며, 정보 전달에 필요하지 않은 것은 과감하게 제외하는 것입니다. 이렇게 그룹핑을 하면 슬라이드 내에서 정보의 우선순위가 정해지고, 강조할 그룹과 중요하지 않은 그룹에 대한 디자인의 강약 조절이 수월해집니다. 이러한 이유로 그룹핑 작업은 본격적으로 디자인을 시작하기 전, 프레젠테이션 내용에 대한 완벽한 이해가 끝난 다음 진행하는 것이 가장 효과적입니다. 너무나 당연한 이야기지만 프레젠테이션 자료를 만들면서 내용을 제대로 모른다는 것은 말이 되지 않습니다.

⌃ NG 슬라이드는 그룹핑이 제대로 되지 않아 요소 간 시선이 분산됩니다. 반면, Good 슬라이드는 매칭되지 않는 이미지를 삭제하고, 매칭되는 정보들을 그룹핑함으로써 정보를 한눈에 알아볼 수 있게 하였습니다.

그룹핑의 정석, 바로 써먹는 게슈탈트 법칙 ▼

게슈탈트(Gestalt)는 형태, 패턴을 의미하는 독일어이며, 부분 요소들이 일정한 관계에 의해 조직된 형태를 말합니다. 게슈탈트 법칙에는 근접, 유동, 폐합, 대칭, 공동 운명, 연속, 좋은 형태의 7가지 법칙이 있습니다. 그중에서 프레젠테이션 디자인의 그룹핑에 도움이 될 만한 법칙 몇 가지를 살펴보겠습니다.

근접의 법칙(Law of Proximity) 가까이에 있는 요소들은 같은 무리로 보인다는 법칙입니다. 오른쪽 이미지를 보면 각 점을 인식하기보다는 4개의 큰 그룹이 먼저 보일 겁니다. 이러한 근접의 법칙은 우리가 왜 프레젠테이션 디자인에서 그룹핑을 제대로 해야 하는지 단적으로 보여줍니다.

유사성의 법칙(Law of Similarity) 서로 비슷한 것들끼리 묶어서 인지한다는 법칙입니다. 모양뿐 아니라 색, 크기, 밝기에도 동일하게 적용할 수 있습니다.

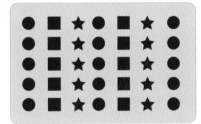 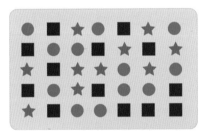

오른쪽 예시를 보면 가운데에 크게 그려진 아이콘을 중심으로 수많은 텍스트가 적혀 있습니다. 이 슬라이드를 디자인한 사람은 청중이 이 많은 텍스트를 다 읽을 거라고 생각진 않았을 겁니다. 청중은 수많은 텍스트 정보 중에서 무의식적으로 흰색으로 강조된 정보에만 집중할 겁니다. 이것 역시 유사성의 법칙에 의한 결과입니다.

⌃ 애플의 '2019 WWDC' 프레젠테이션

대칭의 법칙(Law of Symmetry) 대칭된 이미지들은 서로 떨어져 있더라도 한 그룹으로 인식한다는 법칙입니다. 예를 들어 [ ] { } ⟨ ⟩를 우리는 6개의 기호로 보지 않고 3쌍의 괄호로 인식하는 것도 대칭의 법칙에 해당합니다.

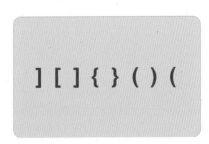

단순성의 법칙(Law of Simplicity) 사람의 뇌가 주어진 조건에서 최대한 가장 단순하고 간결한 방향으로 인식하려 한다는 법칙입니다. 아무리 복잡한 것을 보여주어도 사람의 뇌는 아주 간단한 형태로만 기억합니다.

애플의 프레젠테이션은 이 단순성의 법칙을 정확히 따릅니다. 기념비적인 제품을 소개할 때도 장점을 구구절절 늘어놓지 않고 텍스트로만 단순하게 구성하는가 하면, 제품들을 단순한 구조의 일러스트로 표현하여 보여주곤 합니다. 이렇게 단순화함으로써 청중의 기억에는 정확한 정보들만 남길 수 있습니다.

︿ 단순성의 법칙을 고려한 애플의 프레젠테이션

 ## 정보를 명확하게 만드는 그룹핑의 명확성 ▼

아래 사례에서 NG 슬라이드는 정보들이 뭉쳐 있어 가독성이 떨어지고 그룹이 명확하게 구분되지 않습니다. 정보를 정확하게 전달하려면 Good 슬라이드처럼 좀 더 명확하게 그룹핑하여 구분할 필요가 있습니다. 다음과 같은 과정을 거쳐 NG 슬라이드를 Good 슬라이드로 변경할 수 있습니다.

Step 01. 비슷한 정보 모으기 슬라이드 위에 배치될 정보들을 파악한 후 연관성이 높은 정보들끼리 그룹핑합니다. 오른쪽에 뭉쳐 있던 정보를 '제목, Contact, Job experience, books, education, SNS'로 재분류하였습니다.

Step 02. 정보의 우선순위 결정 및 적절한 위치에 배치하기 그룹들 사이에서 우선순위를 정하고, 주요 그룹은 잘 보이는 곳에 배치합니다. 비슷한 성질의 그룹은 최대한 가깝게 두고, 반대 성질이면 최대한 멀리 배치하여 구분할 수도 있습니다. 이 사례는 자기 소개 슬라이드이므로 프레젠테이션의 목적인 Contact를 왼쪽에 배치하여 돋보이게 했습니다.

Step 03. 그룹 간 여백 활용하기 나누어놓은 그룹끼리 부딪히거나 어수선해 보이지 않도록, 여백을 활용하여 최대한 그룹을 구분해줍니다. 이 사례에서는 재분류하여 배치한 그룹 상단에 타이틀을 추가한 후 항목 사이에 여백을 두어 확실하게 구분하였습니다.

그룹 간 구분을 명확하게 할 때는 여백을 활용하는 방법 이외에도 다음과 같이 도형(선) 오브젝트를 이용하거나 크기를 이용하는 방법 등이 있습니다.

⋀ NG 슬라이드에서 2열에 있는 이미지는 위아래에서 같은 간격으로 타이틀이 배치되어 어떻게 그룹핑되었는지 명확하지 않습니다. Good 슬라이드에서는 여백을 충분히 확보하여 그룹을 명확하게 구분하였습니다.

⋀ 그룹을 확실하게 구분하는 방법은 선을 활용하는 것입니다.

⋀ 그룹핑된 정보의 핵심을 크게 구분해서 배치하면 그만큼 확실하게 그룹핑 효과를 볼 수 있습니다.

슬라이드를 신박하게
정리하는 정렬 기능

**벼랑위의
당뇨**

정렬 기능은 언제 사용하나요?

비범한 츈

정렬은 디자인 요소들이 더 깔끔하게 보이도록 가지런히 정리할 때 사용해요! 가지고 있는 정보들을
좀 더 보기 좋게 다듬는 기능이죠!

**벼랑위의
당뇨**

그러고 보니 다른 프로그램에서도 정렬 기능을 본 것 같아요!

비범한 츈

맞아요. 정렬이라는 건 시각적으로 보여지는 거의 모든 것을 다룰 때 꼭 필요한 기능이에요. 그래서
우리가 다루는 워드프로세서나 그래픽 프로그램 등에는 정렬 기능이 기본으로 포함되어 있답니다.

 좋아 보이는 것들은 잘 정렬되어 있다 ▼

우리가 무의식적으로 '아름답다!', '좋아보인다!'라고 느끼는 사물이나 디자인들을 세심하게 살펴보면
그룹핑이 잘되어 있고, 정렬이 잘 맞춰진 경우가 대부분일 겁니다. 사람의 두뇌는 매우 예민해서 줄
이 잘 맞춰져 제대로 정렬된 것들을 보면 본능적으로 좋게 느낀다고 합니다.

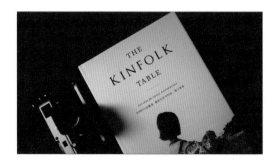

앞의 사진에서 책 표지는 텍스트와 이미지의 정렬이 깔끔하게 맞아떨어져 뇌가 자연스럽게 인식하기 때문에 아름답다고 느낍니다. 또한 스마트폰 속 아이콘들은 오와 열을 맞추어 깔끔하게 정돈되어 있어 좋아 보인다고 느끼는 것입니다. 반면, 제대로 맞추어진 요소들 중에서 1개라도 정렬에서 벗어난 것을 발견하면 사람들은 '뭔가 이상하고 어색하네?'라고 느끼게 됩니다. 이러한 이유로 디자인에서 요소들 간의 정렬은 매우 중요합니다. 제대로 잘 지켜지던 정렬이 어떤 위치에서 튀어 보인다면 보는 사람은 이를 금세 알아채고 시선이 분산될 것입니다. 슬라이드 위에서라면 결과적으로 프레젠테이션의 집중도를 떨어뜨리고 전체적인 완성도를 의심받을 수 있습니다.

아래 두 슬라이드를 스치듯 짧게 비교해보세요. 순식간에 한쪽 슬라이드에서 어색하다는 느낌을 받게 될 겁니다. NG 슬라이드는 그룹 간 정렬이 맞지 않아 완성도가 떨어지는데, 우리 뇌는 순식간에 이를 인지한 것이죠. Good 슬라이드와 같이 간단하게 한 방향으로 정렬을 맞추면 금세 시각적인 안정감을 느낄 수 있습니다.

 ## 프로그램의 다양한 정렬 기능을 활용한다 ▼

정렬의 기준은 무엇일까요? 정렬은 크게 위치 맞추기와 간격 맞추기로 나눌 수 있습니다. 먼저 정렬하려는 디자인 요소가 세로 배열인지 가로 배열인지를 결정합니다. 세로 배열이라면 왼쪽, 가운데, 오른쪽으로 정렬할 수 있고, 가로 배열이라면 위쪽, 가운데, 아래쪽으로 배열할 수 있습니다. 디자인 상황에 따라 최적의 위치를 적용하면 됩니다.

위치뿐 아니라 디자인 요소 간의 간격도 중요합니다. 요소들의 간격은 가로나 세로로 동일하게 간격 맞추기 기능을 활용하면 됩니다. 간격 맞추기 기능은 떨어져 있는 세 가지 이상의 요소 간 간격을 정확하게 맞추어주는 기능으로 디자인 요소가 많아질수록 편리하게 사용할 수 있습니다. 이때 기준은 제일 위에 있는 요소와 가장 아래에 있는 요소가 되며 중간에 있는 요소들의 위치가 바뀝니다.

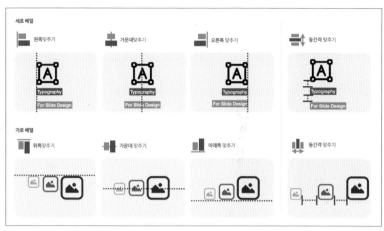

△ 다양한 정렬 기능

정렬은 가장 기본적인 정리 방법으로, 우리가 흔히 사용하는 대부분의 프로그램에서 쉽게 사용할 수 있는 기능입니다. 프로그램에 따라 용어 차이는 있지만 그 기능은 동일하므로 키노트와 파워포인트에서 정렬 기능 사용 방법을 익히면 다른 프로그램에서도 대부분 손쉽게 사용할 수 있습니다. 또한 정렬 기능 외에도 오브젝트를 정렬할 수 있도록 돕는 몇 가지 기능이 있습니다. 이런 기능을 적극적으로 활용한다면 좀 더 잘 정돈된 슬라이드를 완성할 수 있습니다.

키노트 & 파워포인트 | 오브젝트 정렬을 위한 네 가지 기능 파악하기 ▼

1. 위치 및 간격 맞추기

어느 프로그램이든 위치와 간격을 정렬하기 전에 먼저 정렬할 오브젝트를 선택해야 합니다. 여러 오브젝트를 선택할 때는 다음과 같은 방법을 이용합니다.

• 비슷한 범위에 있을 때는 마우스로 해당 오브젝트가 모두 포함되도록 범위를 드래그하여 선택합니다.

• 서로 떨어져 있는 오브젝트를 선택할 때는 Ctrl (command)을 누른 채 정렬할 오브젝트를 모두 클릭해서 선택합니다.

• **키노트:** 도구 막대에서 [포맷]을 클릭한 후 오른쪽 옵션 패널에서 [정렬] 탭을 클릭하여 [정렬]과 [배열] 옵션을 사용합니다. [정렬] 옵션에서 오브젝트 사이의 간격을 맞출 수 있습니다.

- **파워포인트:** [도형 서식] 탭의 [정렬] 그룹에서 [맞춤] 옵션을 클릭한 후 원하는 메뉴를 선택합니다.

2. 눈금자와 안내선 활용하기

슬라이드 작업 영역의 왼쪽과 위쪽에 눈금자를 표시한 후 원하는 위치에 안내선을 배치할 수 있으며, 눈금자에 눈금선을 표시할 수도 있습니다. 안내선과 눈금자는 가상의 가이드 역할을 하며, 디자인 작업 중에만 보이지 실제 프레젠테이션 중에는 표시되지 않습니다.

- **키노트:** 메뉴 막대에서 [보기] – [눈금자 보기]를 선택하면(단축키 command + R) 슬라이드 영역에 눈금자가 표시됩니다. 위쪽이나 왼쪽에 있는 눈금자를 클릭한 후 슬라이드 영역으로 드래그하면 원하는 위치에 원하는 만큼 안내선을 추가할 수 있습니다.

  키노트에서 안내선은 노란색으로 표시되고 눈금자의 단위로 '포인트'를 씁니다. 단위나 색상을 변경하려면 메뉴 막대에서 [Keynote] – [환경설정]을 선택한 후 [눈금자] 패널에서 [눈금자 단위] 및 [정렬 안내선]과 [마스터 안내선]의 옵션을 변경하면 됩니다.

⌃ 키노트에 표시된 눈금자와 안내선

⌃ 키노트 환경설정 창의 [눈금자] 패널

- **파워포인트:** [보기] 탭 – [표시] 그룹에서 [눈금자]에 체크하면 상단과 좌측에 눈금자가 표시되고, [안내선]에 체크하면 화면을 4등분하는 십자 모양의 안내선이 표시됩니다. 이 안내선을 드래그하여 위치를 옮길 수도 있고, 눈금자 부분을 클릭한 후 슬라이드 작업 영역으로 드래그하여 새로운 안내선을 추가할 수도 있습니다. 또한 안내선을 슬라이드 작업 영역 바깥쪽으로 드래그하면 삭제할 수도 있습니다.

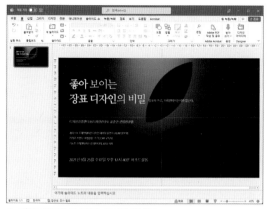

△ 파워포인트에 표시된 눈금자와 안내선

3. 모든 슬라이드에서 동일한 안내선 사용하기

새로운 슬라이드를 추가할 때마다 매번 안내선을 배치하려면 상당히 번거로울 것입니다. 또한 슬라이드 간 정확한 위치에 안내선을 배치할지도 의문입니다. 이럴 때는 슬라이드 마스터를 이용하여 모든 슬라이드에 동일한 안내선이 표시되게 설정할 수 있습니다.

• **키노트:** 상단 메뉴에서 [보기] – [마스터 슬라이드 편집]을 선택한 후 마스터 슬라이드에서 안내선을 설정합니다. 그런 다음 상단 메뉴에서 [보기] – [안내선] – [마스터 안내선 보기]를 선택해서 안내선을 표시할 수 있습니다.

• **파워포인트:** [보기] 탭에서 [슬라이드 마스터]를 클릭하여 슬라이드 마스터를 열고 원하는 레이아웃에 안내선을 설정합니다. 슬라이드 마스터를 닫으면 해당 레이아웃의 슬라이드에서 동일한 안내선을 볼 수 있습니다.

4. 스마트 가이드 활용하기

프레젠테이션 도구에는 오브젝트 간 정렬을 돕는 스마트 가이드 기능이 기본으로 활성화되어 있습니다. 슬라이드 작업 영역에서 오브젝트를 드래그하다 보면 나타났다 사라지는 것이 바로 스마트 가이드입니다. 이 스마트 가이드를 활용하면 오브젝트 간 간격이나 정렬을 맞춰 배치하는 데 큰 도움이 됩니다.

△ 키노트와 파워포인트의 스마트 가이드

 츈's 컨설팅 프레젠테이션 도구에서 오브젝트를 옮길 때 미세한 조정이 어렵다면 Ctrl / command 를 누른 채 드래그해보세요.

과정으로 살펴보는 디자인 요소 간 정렬 포인트

아래 사례에서 NG 슬라이드가 그룹핑과 정렬 과정을 거쳐 완성도 높은 슬라이드가 되는 구체적인 과정을 살펴보면서 디자인 요소 간 정렬의 중요성과 핵심 포인트를 파악해보세요.

Step 01. 그룹핑 마무리하기 슬라이드 내에서 연관성이 높은 디자인 요소들을 묶어 그룹핑을 제대로 완료합니다.

Step 02. 디자인 요소들의 성격 맞추기 각 그룹에서 이미지나 텍스트 크기를 조정하여 그룹별로 동일한 성격을 부여합니다.

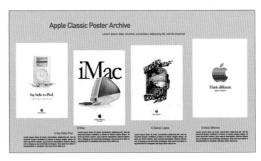

Step 03. 정렬의 기준 만들기 첫 번째 그룹으로 정렬 기준을 만듭니다. 나머지 그룹도 기준에 따라 조정하고 그룹 간 간격 등을 정교하게 맞춥니다.

Step 04. 전체 균형 맞추기 마지막으로 슬라이드를 조금 멀리서 보면서 전체 균형을 조절합니다. 이때 가상의 그리드를 활용하면 조금 더 쉽게 정렬할 수 있습니다.

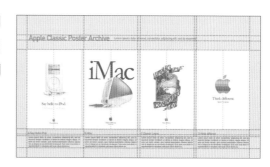

 ## 놓치기 쉬운 세 가지 정렬 포인트 ▼

자동 기능만 믿고 정렬하거나 단순하게 생각하다가는 놓치기 쉬운 몇 가지 정렬 포인트가 있습니다. 다음 세 가지만 잘 기억해도 좀 더 잘 정렬된 슬라이드를 완성할 수 있습니다.

배경이 투명한 이미지 정렬 슬라이드에 삽입하는 이미지 파일의 품질(크기, 해상도 등)이 최적의 상태라면 문제될 것이 없지만, 프레젠테이션 디자인에 사용하는 자료를 여기저기서 긁어모으다 보면 품질이 다소 떨어지는 것들도 있습니다. 그렇다 보니 프로그램에서 제공하는 정렬 기능이나 스마트 가이드에 따라 배치해도 어딘지 어색해 보이는 현상이 발생할 수 있습니다. 특히 배경이 투명한 PNG 이미지와 그렇지 않은 이미지가 섞여 있을 때는 정렬 불균형 현상이 두드러지게 발생할 수 있습니다. 이럴 때는 자동 정렬 기능을 활용하기보다 안내선을 활용한 수동 정렬을 사용해 가운데로 맞추는 것이 좋습니다. `Link` 이미지와 관련한 이야기는 `CHAPTER 03` 에서 상세하게 다룹니다.

위 사례를 보면 이미지의 세로 크기를 모두 동일하게 맞춘 후 정렬 기능을 이용해 같은 간격으로 중앙 정렬하였습니다. 하지만 결과를 보면 눈에 띄게 어색합니다. 그 이유는 각 이미지에서 그래픽의 위치가 다르기 때문입니다. 특히 'amazon' 이미지는 위쪽에 비해 아래쪽 여백이 조금 더 넓습니다. 프로그램은 이런 여백을 고려하지 않고, 단순하게 전체 이미지 크기만 고려하기 때문에 눈으로 보기에 어색한 결과가 나오는 것입니다.

이럴 때는 하나의 기준을 정한 후 이미지 파일에서 실제 보이는 그래픽을 기준으로 이미지 크기를 조절합니다. 그런 다음 보조선을 활용하여 이미지를 수동으로 배치해서 좀 더 자연스러운 슬라이드를 완성할 수 있습니다.

도형 속에 배치한 텍스트 정렬 도형 속에 배치한 텍스트의 정렬 상태는 그렇지 않은 텍스트의 정렬 상태보다 더 눈에 띕니다. 그러므로 더 세심하게 정렬을 맞춰야 합니다.

⌃ NG 슬라이드는 한글을 기준으로만 중앙 정렬되어 상대적으로 아래로 치우쳐 보입니다. 그룹핑된 내용을 모두 고려하여 정렬하면 좀 더 안정감 있게 보입니다.

더욱 세심한 주의가 필요한 정중앙 정렬 슬라이드의 정중앙에 디자인 요소를 배치할수록 상하좌우 간격을 제대로 맞추어야 합니다. 화면이 클수록, 내용이 적을수록 정중앙 정렬을 사용할 때 기준점에서 벗어난 배치는 더 확연하게 느껴집니다. 작은 실수로 자칫 성의 없는 디자인이 되지 않도록 세심한 주의가 필요합니다.

⌃ NG 슬라이드는 텍스트가 정중앙 정렬의 기준점에서 어긋나 어색함이 확연하게 느껴집니다.

LESSON
09

슬라이드 위에서
확실히 튀어 보이는 방법

닭큐멘터리

완성한 슬라이드를 보니 뭔가 심심해 보이네요.

비범한 츈

디자인 요소 간 대비가 없어서 그런 것 같아요. 대비법은 매우 중요한 디자인 방법 중 하나예요. 중요한 정보일수록 크고 눈에 띄게, 상대적으로 덜 중요한 정보일수록 조금 더 작게 배치하여 슬라이드 내에서 강약을 조절해보세요!

슬라이드에서 뚜렷한 대비 만들기 ▼

슬라이드 위에 놓인 디자인 요소들은 저마다 중요한 정도가 다릅니다. 요소들 중에는 가장 핵심이 되는 텍스트나 이미지가 있고, 상대적으로 덜 중요한 요소도 있기 마련이죠. 둘 이상의 디자인 요소가 있다면 어느 하나를 강조하기 위해 뚜렷한 차이를 주는 것을 디자인에서는 대비(Contrast)라고 합니다. 여기서 중요한 포인트는 '요소 간 뚜렷한 차이'를 만들어야 한다는 것입니다. 차이가 뚜렷할수록 '대비가 강하다'라고 이야기하고, 결과적으로 슬라이드에 강약이 표현되어 핵심 내용을 더욱 도드라지게 표현할 수 있습니다. 뚜렷한 차이를 만들지 못한 슬라이드에서는 강약이 모호해지며 전체적으로 어색한 느낌이 연출되어 프레젠테이션에 대한 집중도 하락으로 이어질 수 있습니다.

∧ 모호한 대비는 내용 파악을 어렵게 합니다.

앞의 사례에서 NG 슬라이드를 살펴보세요. 그룹핑이 제대로 되어 있지 않을 뿐만 아니라 요소 간 대비가 명확하지 않아서 어디를 중점적으로 봐야할지 알 수 없습니다. 결국 청중은 시각적 흥미를 잃게 됩니다. 반면, Good 슬라이드에서는 '뚜렷한' 대비를 통해 내용을 상세하게 보지 않더라도 대략의 분위기를 파악할 수 있도록 유도하고 있습니다.

이제 뚜렷한 대비를 표현하는 방법들에 대해 조금 더 자세히 살펴보겠습니다.

프레젠테이션 디자인에서 느낄 수 있는 대비들 ▼

프레젠테이션 디자인에서 대비를 만드는 방법은 매우 다양합니다. 대표적으로 도형 크기에 의한 대비, 도형 모양에 의한 대비, 텍스트 크기에 의한 대비, 색상에 의한 대비, 이미지를 이용한 대비, 레이아웃에 의한 대비 등이 있습니다. 이때 꼭 한 가지만 사용하는 것이 아니라 여러 방법을 함께 쓰기도 합니다. 각 대비 방법에 따라 어떻게 시선을 집중시키는지 해당 사례에서 살펴보세요.

도형 크기에 의한 대비 비슷한 크기의 오브젝트 사이에서 유독 크기가 다른 오브젝트가 하나 있다면 그 오브젝트에 이목을 집중시킬 수 있습니다.

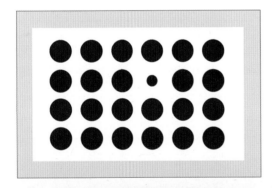

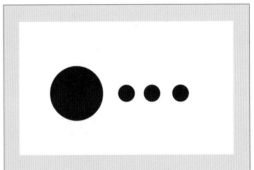

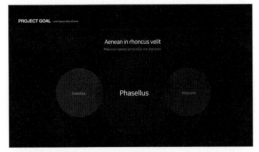

︽ 가운데 원이 가장 강조되어 보입니다.

도형 모양에 의한 대비 원이나 사각형 등 일반적인 모양의 오브젝트 사이에서 튀는 모양을 배치하여 강한 인상을 남길 수 있습니다.

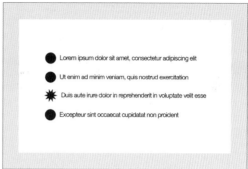

텍스트 크기와 텍스트 색상에 의한 대비 프레젠테이션 디자인에서 가장 많이 사용하는 대비 방법으로, 슬라이드에서 자연스럽게 강약을 표현할 수 있습니다.

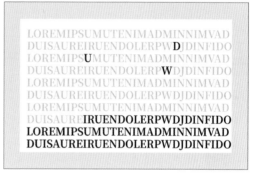

색상에 의한 대비 색상이 진하고 강렬할수록 눈에 더 잘 띄기 마련입니다. 명도를 조절하여 오브젝트를 강하거나 약하게 만들 수 있습니다. 오브젝트 자체의 색상을 변경하거나 배경색을 이용한 대비 방법도 있습니다.

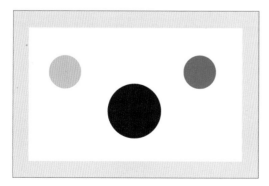

∧ 오른쪽 원으로 시선이 쏠립니다.

이미지와 텍스트의 대비 잡지나 신문 등의 편집 디자인에서 많이 사용하는 방법입니다. 상대적으로 큼지막하게 배치된 이미지와 보통 크기의 텍스를 대비하여 슬라이드의 전체적인 인상을 만들어냅니다.

레이아웃에 의한 대비 정형적으로 보이는 레이아웃에 파격적인 레이아웃을 넣으면 대비 효과를 낼 수 있습니다.

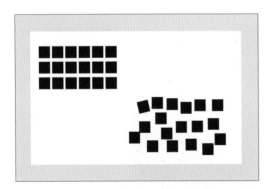
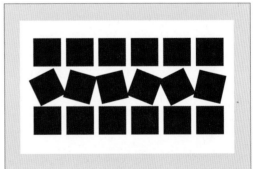

△ 1행보다 레이아웃의 규칙이 파괴된 2, 3행으로 시선이 갑니다.

아래 사례를 살펴보세요. Good 슬라이드는 텍스트 크기와 색상을 이용하여 제목을 확실하게 강조했으며, 이미지에 그림자 효과나 도형을 추가로 배치하여 눈에 띄게 디자인했습니다. 또한 직선을 점선 화살표로 변경하여 시선의 흐름을 제대로 표현하였습니다.

 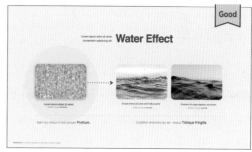

△ NG 슬라이드는 소극적인 대비를 사용하여 내용에 대한 이해가 어렵고 완성도도 낮습니다.

위 사례처럼 하나의 슬라이드에서 여러 대비 방법을 복합해서 사용할 수 있습니다. 단순히 한 가지 대비 요소만 적용한다면 쉬울 것입니다. 하지만 실제로는 다양한 요소가 포함되어 있으니 생각처럼 쉽지 않죠. 그러므로 프레젠테이션 디자인을 시작하기 전에 각 슬라이드에서 핵심적으로 전달하려는 바를 미리 파악해야 합니다. 그런 다음 강조하려는 내용에 뚜렷한 대비 방법 중 적절한 것을 적용합니다. 대비를 사용할 때는 다른 요소보다 확실히 더 튀어 보이게 하는 것이 핵심 포인트입니다. 이도 저도 아닌 애매한 대비는 오히려 청중의 시야를 분산시킬 뿐입니다.

 ## 가장 많이 쓰는 슬라이드의 대비 조합 ▼

앞에서 이야기했듯이, 프레젠테이션 디자인을 할 때 슬라이드에서 여러 대비 방법을 조합하여 사용합니다. 그렇다고 무작정 다양한 방법을 조합하면 될까요? 좀 더 쉽게 대비를 활용할 수 있도록 대표적으로 많이 사용하는 대조 조합을 소개하겠습니다.

리듬이 필요한 텍스트 + 텍스트 대비

프레젠테이션 디자인에서 가장 쉽게 적용할 수 있는 대비는 글꼴과 크기를 이용한 대비입니다. 일반적으로 한 슬라이드 내에는 제목, 본문, 꼬리말 등의 텍스트 구성이 많습니다. 얼핏 '텍스트로 무슨 디자인을 할 수 있겠어?'라고 생각할 수 있지만 텍스트 대비만 잘 활용해도 정돈되고 심플한 느낌의 슬라이드를 완성할 수 있습니다.

텍스트 대비에서 가장 중요한 것은 '리듬감'입니다. 디자인 요소들 중에서 가장 중요한 것은 강하게, 그렇지 않은 것은 약하게 표현하는 것이죠. 본문 슬라이드를 예로 들면 본문 내용에서 중심 키워드를 강하게 표현하고, 프레젠테이션의 제목이나 꼬리말 등을 약하게 표현하는 식입니다. 또한 읽지 않아도 크게 문제되지 않을 첨언 등은 본문보다 작게 배치하여 리듬감을 살릴 수 있습니다.

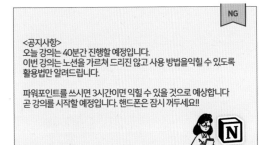

︽ NG 슬라이드에서는 리듬감이 전혀 없어 흥미도가 떨어집니다. 반면 정보의 우선순위에 따라 텍스트 크기를 조절한 Good 슬라이드에서는 주요 정보를 인지하기가 훨씬 편리합니다.

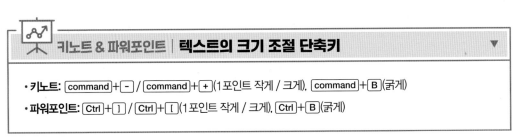

키노트 & 파워포인트 | 텍스트의 크기 조절 단축키 ▼

- **키노트:** `command`+`-` / `command`+`+`(1포인트 작게 / 크게), `command`+`B`(굵게)
- **파워포인트:** `Ctrl`+`]` / `Ctrl`+`[`(1포인트 작게 / 크게), `Ctrl`+`B`(굵게)

크기에 따라 분위기가 달라지는 이미지 + 텍스트 대비

이미지와 텍스트를 활용한 대비는 텍스트와 텍스트 대비만큼이나 많이 사용합니다. 이미지와 텍스트를 활용한 대비는 다음과 같이 네 가지 경우로 나눌 수 있습니다.

이미지와 텍스트가 크다 주로 제목 슬라이드에서 많이 사용하는 대비로, 강렬한 이미지와 텍스트를 사용하여 영화 포스터와 비슷한 효과를 낼 수 있습니다.

이미지가 크고 텍스트가 작다 눈에 띄게 배치하고 싶은 이미지를 커다랗게 배치하고, 텍스트를 작게 배치하는 방법으로, 이미지 위주의 본문 슬라이드에서 많이 사용합니다. 청중은 자연스럽게 큰 이미지로 시선을 집중하고, 이미지 정보가 궁금해지면 프레젠테이션을 더욱 경청하거나 자연스럽게 아래쪽 텍스트로 시선이 이동합니다.

이미지가 작고 텍스트가 크다 잡지 디자인에 많이 등장하는 대비로, 프레젠테이션 디자인에서는 일반적으로 사용하지 않습니다. 하지만 적재적소에 활용한다면 스타일리시한 슬라이드를 연출할 수 있습니다.

이미지와 텍스트가 작다 이미지와 텍스트가 둘 다 클 때 역동적인 느낌이라면, 이미지와 텍스트가 모두 작을 때는 서정적인 느낌을 연출할 수 있습니다.

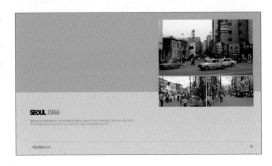

색상 + 텍스트 대비

프레젠테이션 디자인을 할 때 흔히 검은색 또는 흰색 같은 무채색을 사용합니다. 배경을 검은색으로 하면 텍스트는 흰색으로, 배경을 흰색으로 하면 텍스트는 검은색으로 입력하죠. 검은색, 흰색 혹은 회색으로 구성된 무채색의 슬라이드에서 중요한 내용을 빨간색, 노란색, 파란색 등으로 구분하면 극명한 대비를 줄 수 있습니다. **Link** 슬라이드의 색상에 대해서는 **CHAPTER 04** 에서 자세히 다룹니다.

흰색 배경과 텍스트 대비 흰색 배경에 검은색 텍스트만 활용하면 정돈된 느낌은 있지만 디자인에 강약이 없어 보일 수 있습니다. 포인트 색상을 사용하여 중요한 내용을 강조하면서 슬라이드 내의 균형감을 이룰 수 있습니다.

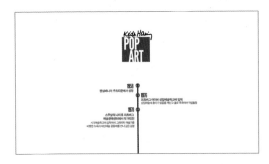

검은색 배경과 텍스트 대비 검은색 배경에서 색상과 텍스트 대비를 활용하면 흰색 배경일 때보다 훨씬 더 주목도를 높일 수 있습니다.

채우는 것보다 중요한
여백 만들기

거저줄게잘사가

잘 정리된 문서를 보면 뭔가 깔끔함이 묻어나는 이유는 뭘까요?

비범한 츈

여러 가지 이유가 있겠지만, 대체로 여백을 제대로 활용하고 있는 경우가 많습니다.

거저줄게잘사가

여백이라면 비어 있는 공간이죠? 그게 의식적으로 만들어지는 것인가요?

비범한 츈

여백은 디자인 중에 아주 자연스럽게 생기는데요, 이런 여백을 명확한 주제 전달에 도움이 될 수 있도록 전략적으로 활용할 수 있답니다!

슬라이드에서 여백이 중요한 이유 ▼

다음과 같은 두 장의 슬라이드가 있습니다. 왼쪽 슬라이드는 한 장에 수많은 정보가 담겨 있어 무엇을 봐야 할지 모르겠고, 오른쪽 슬라이드에는 비교적 정보가 적고 레이아웃이 깔끔해 정보를 파악하기가 좋습니다. 둘 중 어느 슬라이드가 여유롭고 좋아 보이는지 물을 필요도 없겠죠?

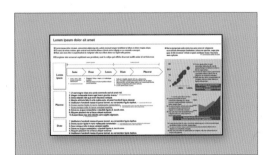
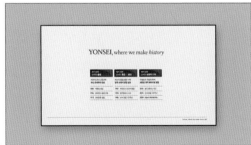

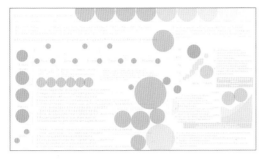 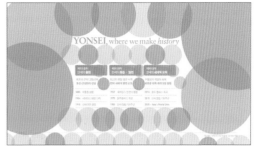

각 슬라이드를 하나의 '공간'이라고 생각하고 그 속에서 숨을 쉰다고 상상해보세요. 디자인을 전혀 모른다고 해도 위 두 장의 슬라이드 중 왼쪽 슬라이드를 보면 숨을 쉴 수 없을 것 같은 답답함이 느껴지지요? 숨을 쉴 수 있는 여유, 즉 여백이 얼마나 중요한지 대략 느낌이 왔을 겁니다.

여백의 사전적 의미는 "텍스트를 입력하거나 그림을 그리고 남은 빈자리"라고 합니다. 자칫 필요 없는 공간으로 인식할 수도 있습니다. 하지만 여백은 슬라이드에서 정보들을 인식하는 데 매우 중요한 역할을 합니다. 지금까지는 슬라이드에서 오브젝트를 채워 넣고, 레이아웃을 정리하면서 중요한 내용을 강조하고, 내용을 명확하게 전달하기 위해 노력했다면 이제는 비워내는 연습을 해야 합니다. 우선 여백의 역할부터 하나씩 살펴볼게요.

여백의 역할 ▼

여백은 명확한 그룹핑, 강약 조절 및 전체 슬라이드 분위기를 좌우할 수 있는 중요한 디자인적 요소입니다.

그룹핑의 명확한 구분 여백의 기본적인 역할은 명확한 그룹핑을 돕는 것입니다. 앞서 게슈탈트 법칙의 '근접의 법칙'에서 보았듯이 사람의 뇌는 가까이에 있는 요소들은 한 그룹으로 인식합니다. 그러므로 적절한 여백을 주어 그룹과 그룹을 시각적으로 명쾌하게 분리할 수 있습니다. 여백이 넓으면 넓을수록 그룹핑은 확실해집니다.

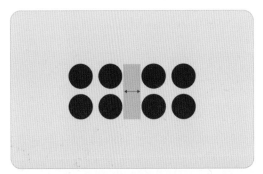
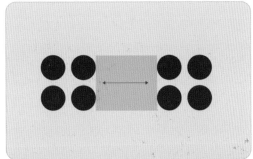

⌃ 여백이 넓을수록 그룹이 확실하게 구분됩니다.

시선 끌기 디자인 요소들의 크기 조정에 여백 조정까지 더해지면 원근감이 표현되어 상대적으로 특정 요소가 더 강하게 인식됩니다. 이처럼 중요한 요소를 더 강조하고 싶으면 크기뿐 아니라 주변에 여백을 더 많이 주어 청중의 시선을 자연스럽게 유도할 수 있습니다.

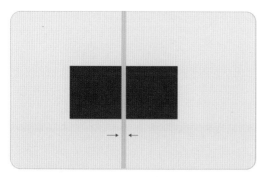
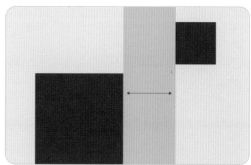

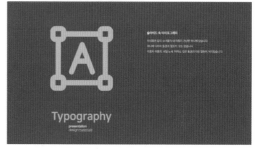

∧ 크기와 여백을 조정하여 시선이 자연스럽게 아이콘으로 쏠리게 합니다.

프레젠테이션 디자인의 인상 인상적인 슬라이드는 청중의 시선을 사로잡습니다. 이것이 우리가 시간과 노력을 쏟아 디자인하는 이유이며, 여백이 중요한 이유이기도 합니다. 사실 여백의 가장 중요한 역할은 인상적인 슬라이드를 만드는 것이기 때문입니다. 슬라이드에서 계획된 여백이 좁으면 활기찬 느낌을 줄 수 있지만 정보를 한눈에 보기 힘들어 어수선한 느낌을 줄 수 있고, 반대로 여백이 넓으면 고급스러운 인상을 남길 수 있지만 자칫 하다 만 것 같은 인상을 남길 수도 있습니다.

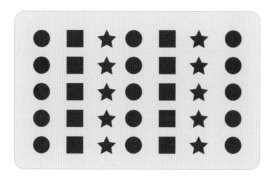
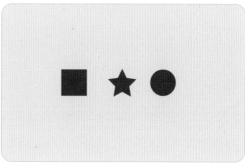

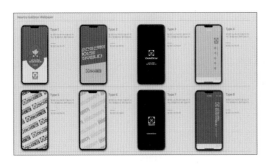

위 사례를 보면, 여백에 따라 슬라이드 느낌이 확연하게 다르다는 것을 알 수 있습니다. 왼쪽 슬라이드에서는 여러 아이템을 보여줄 수 있지만 여백이 좁아 조금은 답답한 인상을 줄 수 있습니다. 반면, 오른쪽 슬라이드에서는 오브젝트를 크게 배치하여 시원하게 보이며 해당 오브젝트에 대한 깊은 인상을 남길 수 있지만, 슬라이드의 장 수가 늘어날 수 있습니다. 이처럼 여백을 어떻게 사용하는지에 따라 그 결과가 확연하게 달라집니다. 그런데 여백의 중요성을 잊고, 비워져 있는 공간이 어색하다 생각하여 무엇인가로 가득 채워 넣는 실수를 하는 경우가 흔합니다. 이것은 디자인에 대한 대표적인 오해입니다. 채우는 게 아니라 비워내는 게 진짜 잘하는 디자인입니다.

프레젠테이션 디자인에서 여백을 만드는 방법 ▼

오른쪽과 같은 NG 슬라이드가 있습니다. 이 슬라이드에서 여백을 추가하여 좀 더 나은 디자인으로 발전시키는 과정을 확인해보세요.

Step 01. 슬라이드 위에 최소한의 그룹핑만 남기기 최소한의 요소로 디자인할 때 여백의 효과를 높일 수 있습니다. 그러므로 우선 중복되는 정보는 없는지 파악하기 위해 슬라이드에서 영역을 구분해봅니다. 여기서는 '1. 대제목', '2. 연구의 배경', '3. 매체의 흐름', '4. 매체별 설명'으로 크게 영역을 구분해보았습니다.

Step 02. 통합할 수 있는 요소 합치기 '3.매체의 흐름'에서 도형은 불필요한 요소로 텍스트와 이미지를 하나로 합칠 수 있습니다. 또한 '3. 매체의 흐름'과 '4. 매체별 설명'을 잘 보면 그룹으로 묶어서 설명할 수 있을 것 같고, 설명 내용은 다시 표 형태로 정리할 수 있습니다.

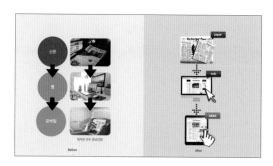

Step 03. 최대한 여백을 확보하는 방향으로 레이아웃하기 세로 형태의 흐름을 가로로 바꾸면 여백을 더 확보할 수 있습니다. 또한 표에 사용한 라인을 좀 더 흐리게 표현함으로써 좀 더 넓어 보이는 시각적 효과를 낼 수 있습니다.

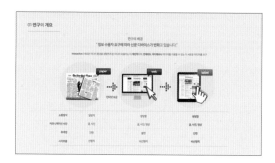

조도와 슬라이드의 배경색에 따라 여백이 달라 보인다 ▼

프레젠테이션하는 공간의 환경을 고려하여 슬라이드를 디자인하는 것은 기본 지식이라고 할 수 있습니다. 하지만 프레젠테이션 환경의 조도에 따른 배경색 선택까지는 미처 생각하지 못할 수 있습니다.

프레젠테이션 환경의 조도, 즉 빛의 양이 많아서 대체로 밝은 환경이라면 밝은 배경색을 사용함으로써 여백이 좀 더 많아 보이는 효과를 누릴 수 있습니다. 반대로 어두운 환경이라면 검은색 배경을 사용하여 여백의 효과를 높일 수 있습니다. 한마디로, 조도에 유사한 슬라이드 배경색을 사용함으로써 프레젠테이션 화면이 확장되는 듯한 효과를 낼 수 있는 것이죠.

︿ 밝은 환경에서는 흰색 배경을 사용하여 여백이 더 확장되는 효과를 만들어냅니다.

︿ 어두운 환경에서는 검은색 배경을 사용하여 여백이 더 확장되는 효과를 만들어냅니다.

 츈's 컨설팅 애플 프레젠테이션 디자인의 여백

애플의 역대 프레젠테이션 디자인은 지금까지 이야기한 여백의 효과를 극대화하여 사용하고 있습니다. 즉, 핵심 키워드로 텍스트와 이미지를 사용하여 여백을 최대한 확보합니다. 이렇게 디자인한 슬라이드는 고급스럽고 절제된 제품의 아름다움을 전달하고, 나아가 오롯이 발표자에게 집중시키는 효과까지 있습니다. 좀 더 자세한 설명은 아래 주소의 포스트를 확인해보세요.

https://brunch.co.kr/@forchoon/482

 프레젠테이션 디자인 **체크 리스트**

☑ **본격적으로 프레젠테이션 디자인에 들어가기 전에 주제 및 내용을 완벽하게 이해하였나요?**

프레젠테이션 디자인 단계는 결코 내용을 추가하거나 보완하는 과정이 아닙니다. 디자인은 '꾸미는' 것이 아니라, '정리'를 통해 전달하고자 하는 메시지를 정확하게 전달하는 것이 목적임을 명심하세요.

☑ **그리드와 레이아웃, 서체, 컬러, 주제, 장면 전환 & 애니메이션 등의 규칙을 반복하여 적용하였나요?**

반복적인 규칙 사용은 프레젠테이션 디자인에서 '통일성'을 만들어줍니다. 통일성은 프레젠테이션 디자인에서 매우 중요한 요소로, 낱장의 슬라이드에 포함된 디자인 요소들 간의 조화를 시작으로 슬라이드와 슬라이드 간 조화로 이어져 결국 전체 프레젠테이션 디자인의 완성도를 높이는 역할을 합니다.

☑ **프레젠테이션 디자인이 기승전결로 구성되어 있나요?**

재미있게 본 한 편의 영화를 떠올려보세요. 그 영화는 기승전결이 매우 짜임새 있고, 물 흐르듯 자연스러운 구성이 돋보일 것입니다. 프레젠테이션도 마찬가지입니다. 구성할 슬라이드의 기승전결. 이 네 박자가 매우 중요합니다.

☑ **프레젠테이션 디자인의 두 가지 규격화된 비율인 4 : 3과 16 : 9에 대해 이해하였나요?**

전시회 출품을 위해 그림을 그릴 때 규격화된 캔버스를 찾듯 프레젠테이션 디자인을 시작할 때 슬라이드의 크기를 결정해야 합니다. 슬라이드 크기는 프레젠테이션 환경과 밀접한 연관이 있으므로 사용하는 프로젝터나 모니터 등에서 지원하는 해상도에 맞추는 것이 좋습니다.

☑ **레이아웃과 그리드의 개념에 대해 이해하였나요?**

레이아웃은 현재 가지고 있는 디자인 요소(정보)들을 슬라이드 위에 어떻게 배치해야 정보를 쉽고 효과적으로 전달할 수 있을까에 대한 고민의 결과입니다.

그리드는 수직, 수평에 같은 간격으로 배치된 격자 모양의 보이지 않는 가이드로 레이아웃을 쉽게 만들 수 있도록 돕습니다. 그리드는 배치의 기준이 되기 때문에 그리드를 이용하면 훨씬 빠르게 일정 수준 이상의 슬라이드 디자인을 완성할 수 있습니다.

☑ **슬라이드에 배치된 디자인 요소들에 안정감이 느껴지는 레이아웃을 하였나요?**

청중이 프레젠테이션 화면을 보면서 오롯이 내용에 집중하고 시각적인 안정감을 느낄 수 있으려면 배치되는 디자인 요소와 정보들의 '균형'과 '안정감'이 매우 중요합니다.

☑ **비슷한 정보들끼리는 최대한 가깝게 모았나요(그룹핑했나요)?**

사람들은 비슷한 모양이나 근처에 무리 지은 대상을 보면 무의식적으로 그것들을 하나의 큰 덩어리로 인식합니다. 프레젠테이션 디자인에서도 이러한 심리를 이용하면 청중들에게 정보를 좀 더 쉽고 명확하게 전달할 수 있습니다.

☑ **시각적인 안정감을 느낄 수 있도록 디자인 요소들을 잘 정렬하였나요?**

사람의 뇌는 매우 예민해서 줄이 잘 맞춰진 것들을 보면 본능적으로 좋게 느낀다고 합니다. 프레젠테이션 디자인에서도 청중들에게 시각적인 안정감을 주는 것이 중요합니다. 정렬은 크게 위치 맞추기와 간격 맞추기로 나뉩니다.

☑ **대비를 이용하여 디자인 요소들에 리듬감이 느껴지도록 하였나요?**

슬라이드 위에 둘 이상의 디자인 요소가 있다면 어느 하나를 강조하기 위해 또렷한 차이를 주는 것을 대비라고 합니다. 여기서 중요한 포인트는 '요소 간 또렷한 차이'를 만들어야 한다는 것입니다. 차이가 또렷할수록 '대비가 강하다'라고 이야기하고, 결과적으로 슬라이드에 강약이 표현되어 핵심 내용을 더욱 도드라지게 표현할 수 있습니다.

☑ **슬라이드 디자인에서 여유를 느낄 수 있는 여백이 충분한가요?**

여백의 사전적 의미는 "텍스트를 입력하거나 그림을 그리고 남은 빈자리"라고 합니다. 자칫 필요 없는 공간으로 인식할 수 있지만 여백은 슬라이드에서 정보들을 인식하는 데 매우 중요한 역할을 합니다.

MEMO

당신이 오늘 쓴 맑은 고딕은
사실 맑지 않다

슬라이드 위 텍스트는 말하고 있다

 오드리햇반
츈님은 무슨 서체를 쓰시나요? 제 슬라이드와 느낌이 전혀 다른 것 같아요!

 비범한 츈
프레젠테이션 툴에서 제공하는 기본 서체보다는 평소 좋아하는 서체들을 미리 다운로드해서 사용하는 편이에요!

 오드리햇반
역시 다른 이유가 있었군요. 사용하는 서체를 공유해줄 수 있나요?

 비범한 츈
서체를 공유해드리기 전에 슬라이드에 쓰는 서체의 기본에 대해 먼저 알려드릴게요!

 ## 빈 슬라이드에서 마주하는 첫 번째 고민 ▼

슬라이드를 디자인할 때 가장 많이 사용하는 디자인 요소는 무엇일까요? 이미지, 도형, 표 등 다양한 디자인 요소가 있지만, 그중에서 '텍스트'를 가장 많이 사용할 겁니다. 별다른 고민 없이 텍스트 상자를 추가하면 바로 무언가 입력할 수 있기 때문일지도 모르겠습니다.

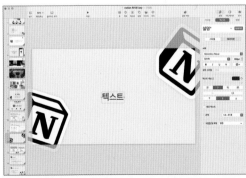 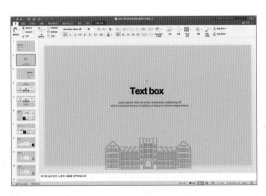

≪ 클릭 한 번으로 쉽게 사용할 수 있는 텍스트 상자

텍스트 상자를 만든 후에는 '이 텍스트들을 어떻게 슬라이드에 채워넣을 것인가?'에 대한 고민이 시작됩니다. 슬라이드에서 텍스트를 배치하는 것에 대한 고민은 디지털 기술이 발전하여 컴퓨터에서 해당 작업을 수행하면서 시작된 것이지만, 흰 지면 위에서 검은색의 텍스트들을 어떻게 하면 효과적으로 보기 좋게 채워 넣을 것인지에 대한 고민은 옛날부터 계속 있어 왔습니다. 이런 고민의 결과로 '타이포그래피(Typography)'라는 디자인 영역이 생겨났습니다.

 일상에서 마주치는 대부분의 텍스트에는 타이포그래피가 적용되어 있습니다.

서점에 진열된 잡지들을 보면 저마다의 특색을 가장 잘 드러낼 수 있도록 표지의 '제목'을 강조하는 타이포그래피를 활용합니다. 프레젠테이션 디자인에서는 이런 제목 강조 기법을 제목 슬라이드에 활용할 수 있을 것입니다. 혼잡한 거리에서 마주치는 정돈된 사인물을 보면 바쁘게 지나가는 사람들에게도 정확한 메시지를 전달하기 위한 타이포그래피가 적용되어 있습니다. 이때 핵심 키워드만 눈에 띄도록 배치한 것이 특징인데, 이런 타이포그래피는 본문 슬라이드에서 활용해볼 수 있습니다.

이처럼, 주변에서 흔히 볼 수 있는 타이포그래피 활용 사례들을 찾아보고, 그 장점을 프레젠테이션 디자인에 적용한다면, 주어진 텍스트를 잘 정리하여 프레젠테이션의 주제를 제대로 전달할 수 있을 것입니다.

텍스트 요소를 깔끔하게 정리한다 ▼

텍스트를 효과적으로 잘 보이게 하는 방법을 안다면 짧은 시간에도 프레젠테이션의 핵심을 보여줄 수 있고, 심미적으로도 질 높은 디자인을 완성할 수 있습니다. 다음 사례를 보면 오직 텍스트만으로 디자인하였습니다. 이미지나 다른 디자인 요소의 도움 없이도 충분히 완성도 높은 슬라이드를 완성할 수 있으며, 텍스트만 활용함으로써 더 정확한 정보를 제공할 수도 있습니다. 이제 남은 과제는 '어떻게 깔끔하게 정리하느냐?'입니다.

⌄ 텍스트만으로 디자인한 슬라이드

최대한 비우기 본격적으로 서체에 대해 알아보기 전에 유념해야 할 게 있습니다. '프레젠테이션 디자인은 보고서의 텍스트를 그대로 옮겨 오는 것이 아니다'라는 점입니다. 보는 프레젠테이션은 읽는 보고서와 완전히 다른 접근이 필요하다고 이야기했습니다. 그렇기에 보고서를 완벽하게 이해한 후 핵심 내용만 추려서 슬라이드에 정리하는 작업이 선행되어야 합니다. 그러고 나서 서체 등에 대한 고민을 해도 충분합니다.

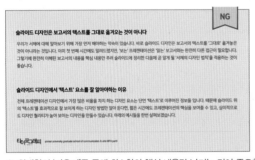

⌄ 최대한의 '비우기'를 통해 최소한의 핵심 내용만 남기는 것이 중요합니다.

가독성 고려하기 슬라이드에서 텍스트 요소를 활용할 때 가장 중요한 것은 '가독성'입니다. 즉, 청중이 특별히 애를 쓰지 않아도 시각적인 방해를 받지 않고 오롯이 발표자와 슬라이드 화면을 보면서 내용을 이해할 수 있게 하는 자연스러운 텍스트 레이아웃이 중요하며, 이 자연스러움을 만들어주는 것이 텍스트의 '가독성'입니다. 가독성은 사용하는 서체, 글자와 글자 사이의 간격(자간), 행과 행 사이의 간격(행간), 여백 등에 따라 달라집니다.

︿ 가독성이 좋지 않은 슬라이드

 ## 기본적으로 피하면 좋을 서체들 ▼

가독성을 결정하는 다양한 요소가 있지만, 애초에 가독성이 떨어지는 서체를 사용하지 않으면 됩니다. 오래 전에 개발된 한글 서체들은 해상도가 높은 디스플레이를 고려하지 않은 경우가 많습니다. 그렇다 보니 크게 쓴 텍스트는 잘 보일 수 있으나, 글자 크기가 작을수록 가독성이 떨어져 보이는 문제가 발생할 수 있습니다. 또한 손글씨 느낌과 같은 팬시 서체는 처음엔 귀엽고 깜찍해 보여서 좋을 수 있지만, 가독성을 고려한다면 지양해야 합니다. 만약 본문에 이런 가독성이 떨어지는 서체를 사용한다면 슬라이드의 내용을 제대로 파악하는 데 어려움을 겪을 수 있습니다.

︿ 굴림체

︿ 애플고딕

︿ 맑은 고딕

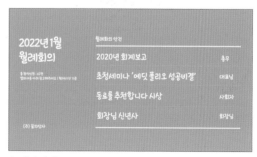

︿ 팬시 서체들

굴림체 Windows XP에 기본으로 탑재된 한글 서체입니다. 일본 글꼴의 특징을 한글에 억지로 맞추어 배포한 것인데, 가독성이 좋지 않은 대표적인 서체입니다. 그러므로 특별한 사유가 없다면 절대로 사용하지 않는 게 좋습니다. 굴림체는 디자이너들 사이에서는 이미 악명이 높아 '디자이너를 괴롭히는 방법'이라는 짤에 자주 등장하곤 합니다.

애플고딕 2012년 이전 Mac OS를 대표하던 한글 서체로, 항상 가독성 문제가 따라다녔습니다. 맥 사용자들의 끈질긴 노력으로 2012년 한글 가독성을 높인 [**산돌고딕 Neo**] 서체가 탑재되었습니다.

맑은 고딕 Windows OS에 제대로 된 한글 서체를 탑재하고자 국내의 한 업체가 개발한 것으로 2004년부터 탑재된 서체입니다. 굴림체에 비해 디자인과 가독성이 월등히 뛰어난 서체로 평가받습니다. 지금까지 MS Office 제품의 한글 기본 서체로 사용 중이며, 출시된 지 오래되어 최근 개발된 한글 서체에 비하면 가독성이 떨어져 보일 수 있습니다.

팬시 서체들 대부분의 팬시 서체는 프레젠테이션이나 보고를 위한 슬라이드에서 사용하기에 부적합하므로 지양하는 것이 좋습니다. 가독성이 현저하게 떨어지므로 특히 본문 서체로 부적합하며, 꼭 사용해야 한다면 분위기에 맞추어 디자인 요소 정도로 사용하는 것이 좋습니다.

 ## 서체마다 풍기는 인상이 있다 ▼

지금까지 아무런 의심 없이 써온 서체들은 저마다 특색이 있습니다. 그러므로 어떤 서체를 쓰느냐에 따라 슬라이드에서 풍기는 느낌이 완전히 달라집니다. 아래 사례를 살펴보겠습니다. 분명 같은 레이아웃에 텍스트를 배치했지만, 두 슬라이드의 느낌이 미묘하게 다릅니다. 명조체를 쓴 슬라이드에서는 섬세하고 전통적인 느낌이 나는 반면, 고딕체를 쓴 슬라이드에서는 힘 있고 현대적인 느낌이 납니다.

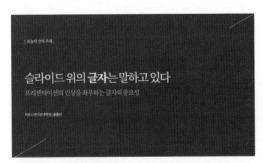

︽ 명조체를 사용한 제목 슬라이드

︽ 고딕체를 사용한 제목 슬라이드

△ 명조체를 사용한 본문 슬라이드

△ 고딕체를 사용한 본문 슬라이드

 키노트 & 파워포인트 | **설치된 서체 미리보기** ▽

파워포인트나 키노트에서 텍스트 상자를 만들면 컴퓨터에 설치된 서체들을 모두 확인하고 프리뷰 형태로 서체의 인상을 파악할 수 있습니다. 하지만 어떤 서체를 언제 사용할지 모르므로, 가지고 있는 서체들을 미리 파악해 놓으면 이후 좀 더 빠르게 적절한 서체를 선택해서 사용할 수 있을 것입니다.

• **macOS:** 키노트 사용자라면 macOS에서 [응용 프로그램]에 있는 [서체 관리자]를 실행하여 설치된 모든 서체를 확인할 수 있습니다. 목록에서 서체를 선택하면 오른쪽 창에서 서체의 인상을 파악할 수 있습니다.

△ macOS의 서체 관리자

• **Windows:** 파워포인트 사용자라면 주로 Windows를 사용할 겁니다. [C:₩Windows₩Fonts] 폴더에서 설치된 모든 서체를 확인할 수 있으며, 원하는 서체를 더블 클릭하면 서체의 인상을 파악할 수 있습니다.

△ Windows의 [Fonts] 폴더와 서체별 미리보기 창

디자인에 사용할 서체는 세 가지 그룹뿐이다

닮은살결
수많은 서체 중 어떤 걸 써야 할지 막막해요.

비범한 츈
평소 시간이 있을 때 가지고 있는 서체들을 자세하게 관찰해보면 서체를 선택하는 시간을 줄일 수 있어요! 잘 보면 세 그룹으로 분류할 수 있답니다.

닮은살결
그렇군요! 분류 기준을 알 수 있을까요?

비범한 츈
획의 삐침 유무에 따라 명조와 고딕 그룹으로 나눌 수 있고, 장식적인 요소들이 있다면 캘리그래피 그룹으로 분류할 수 있어요.

 세 가지 서체 그룹을 분류해보자 ▼

컴퓨터에서 서체들이 저장된 폴더를 열거나 프로그램에서 서체 선택 목록을 보면 수많은 서체 중 어떤 것을 선택해야 할지 고민에 빠지기 마련입니다. 우선 서체들의 외관상 특징을 잘 살펴보면 몇 가지 공통점을 발견할 수 있는데, 크게 세 그룹으로 나뉩니다.

끝이 뾰족하게 부리처럼 나온 모습을 한 '명조(Serif)' 그룹, 꺾인 부리 모양 없이 시원스럽게 일자로 뻗은 모습을 한 '고딕(San Serif)' 그룹, 아기자기한 손글씨 느낌과 장식적 요소가 가미된 '캘리그래피' 그룹으로 나눕니다. 명조와 고딕을 순 한글로 표현하면 각각 바탕체와 돋움체입니다.

그룹마다 선호하는 서체 정하기 세 가지로 나눈 그룹 중에서 몇 가지 서체를 선택해서 사용합니다. 올바른 서체를 선택하려면 미리 각 그룹의 특징을 파악해야 하며 그중에서 특히 괜찮아 보이는 서체를 선택해둔다면 이후에 슬라이드를 디자인하는 데 큰 도움이 됩니다.

고딕, 명조 그룹에서 각각 한글 서체와 영문 서체를 선정해보세요. 시대에 따라 서체 트렌드는 미세하게 달라질 수 있지만 고딕, 명조, 캘리그래피 그룹의 특성은 절대 변하지 않습니다. 이어서 소개하는 각 그룹의 특성을 항상 염두에 두고 조금만 관심을 가지면 가독성이 더 좋은 서체들을 파악할 수 있습니다.

전통이 느껴지는 명조체 그룹 ▼

명조 그룹의 특징은 글꼴에 있는 삐침입니다. 영어로는 이 삐침을 'Serif'라고 하며, H나 I와 같은 영문 활자에서 아래나 위에 가로로 나 있는 가는 선을 의미합니다.

삐침(Serif)

세로획이 가로획보다 굵다

명조체를 보면 획의 시작과 마무리를 붓으로 눌러쓴 듯한 인상을 줍니다. 또한 글자를 이루는 선의 두께가 일정하지 않아 글자를 더 빠르게 인식할 수 있다는 장점이 있습니다. 이런 선의 두께 차이로 단어와 단어가 연결된 느낌을 주어 하나의 덩어리로 보이기 좋게 연출할 수 있으므로 한 줄이 넘는 문장을 쓸 때 유용합니다. 흔히 교과서나 소설 책, 신문의 본문에서 명조체 그룹이 사용되는 것을 알 수 있습니다.

⌃ 신문에 사용된 명조체

⌃ 책 본문에 사용된 명조체

글꼴 끝의 삐침 때문인지, 전통적인 인쇄물에서 많이 발견되기 때문인지 명조 그룹에서는 전통적인 느낌이 많이 묻어납니다. 이외에도 섬세함, 유연함, 품격, 서정적인 느낌을 표현할 수 있습니다. 명조 그룹에서 대표적인 한글 서체로 나눔명조체, 본명조체 등이 있고, 영문 서체로 Times New Roman, Bodoni, Georgia 등이 있습니다.

각 서체는 굵기에 따라 다양한 패밀리 서체로 구성되어 있고, 굵기에 따라 느낌의 차이도 확연하게 달라지므로 프레젠테이션 디자인에서 전략적으로 굵기 차이를 활용해볼 수 있습니다.

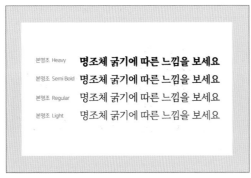

⌃ 굵기에 따라 구분되는 본명조 패밀리 서체

디자인에서 명조 그룹 사용하기 명조체는 본문보다는 전통적인 느낌과 인상을 강조할 수 있는 표지 슬라이드에서 제목을 강조하는 디자인 요소로 많이 사용합니다.

⌃ 제목 슬라이드에 사용된 명조체로, '웰빙'과 '음식'이라는 주제를 잘 표현하고 있습니다.

⌃ 본문 슬라이드에서는 특정 키워드를 강조하는 정도로 사용합니다. 고딕체가 대비되며 명조체 키워드가 부각되어 보입니다.

현대적 감각의 고딕체 그룹 ▼

고딕 그룹은 명조 그룹과 다르게 글꼴에 삐침이 없으며, 더 크고 굵은 것이 특징입니다. 고딕체를 영어로 'San Serif'라 고 합니다. 여기서 San은 프랑스어인 Sans에서 나온 것인데 이는 '없음'을 의미합니다. 결국 '획의 삐침이 없다'라는 뜻으 로 해석할 수 있습니다.

한때, 고딕 그룹은 크고 굵다는 이유로 명조 그룹보다 가독성이 떨어진다는 의견이 있었습니다. 그렇 다 보니 고딕 그룹은 뉴스 신문의 헤드라인처럼 제목을 강조하거나, 길거리의 이정표 등에서 핵심 메 시지를 전달하는 용도로 사용되었습니다. 군더더기 없이 딱 떨어지는 인상이 포인트로 적절하게 느 껴졌던 것입니다.

≪ 신문의 헤드라인에 사용된 고딕체

≪ 사인물에 사용된 고딕체

시간이 흘러 종이의 역할을 화면이 대신하면서 상황은 조금 달라졌습니다. 저화질의 디스플레이에서 획의 삐침을 제대로 표현해낼 수 없는 문제가 발생한 것입니다. 이로 인해 디테일 표현이 좀 더 쉬운 고딕 그룹이 디지털 시대를 대표하는 서체로 급부상했습니다. 고딕 그룹은 전통적인 느낌의 명조 그 룹보다는 좀 더 현대적인 느낌을 주고 강력함과 튼튼함, 엄격함, 도시적인 인상을 줍니다.

대표적인 고딕 그룹의 한글 서체로 나눔고딕, 나눔스퀘어, 애플 산돌고딕 Neo, 본고딕 등이 있고, 영 문 서체로 Helvetica, Arial, Verdana, Din, Gotham, San Francisco 등이 있습니다. 고딕 그룹 에도 다양한 굵기의 패밀리 서체가 있습니다.

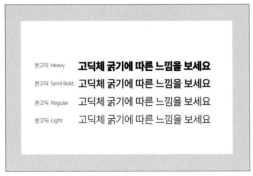

︽ 굵기에 따른 본고딕 패밀리 서체

디자인에서 고딕 그룹 사용하기 모던한 인상이 강한 고딕 그룹은 제목, 본문 구분 없이 모든 슬라이드에서 다방면으로 활용되고 있습니다. 글꼴 사이즈만 잘 조절해서 사용한다면 최상의 프레젠테이션 디자인을 완성할 수 있습니다.

그렇다면 프레젠테이션 디자인에서 명조와 고딕 그룹 중 어떤 서체 그룹을 메인으로 사용하는 것이 좋을까요? 명조 그룹이 고딕 그룹보다 가독성이 좋으므로 명조 그룹을 사용해야 할까요? 아니면 디지털 환경에 적합한 고딕 그룹을 사용해야 할까요?

프레젠테이션 디자인에서 가장 중요한 것은 전달해야 할 핵심 메시지입니다. 명조 그룹과 고딕 그룹 중 어느 것을 사용하라고 딱 집어 말하긴 어렵습니다. 다만 예쁘게 꾸미는 것이 아닌, 명확한 핵심 메시지를 전달한다는 프레젠테이션 디자인의 목적을 생각한다면 명조 그룹보다 고딕 그룹의 서체를 사용하는 것이 더 유리할 수 있습니다.

감성적 느낌의 캘리그래피 그룹　　　　　　　　　　　　　▼

명조 그룹이나 고딕 그룹과는 전혀 다른 장식적인 느낌의 캘리그래피 그룹은 아날로그 감성을 전달하는 서체로 꾸준히 인기를 얻고 있습니다.

⌃ 아날로그 감성을 전달하는 캘리그래피 서체

대표적인 캘리그래피 서체로 네이버 나눔손글씨붓, 네이버 나눔손글씨펜, 배달의민족 주아체, 배달의민족 을지로체, 넥슨 배찌체 등이 있으며, 최근 여러 기업에서 무료 캘리그래피 서체를 만들어 배포하고 있습니다.

디자인에서 캘리그래피 그룹 사용하기 서체를 고를 때 가장 중요하게 생각해야 할 것은 단연 가독성입니다. 안타깝게도 캘리그래피 그룹의 가독성은 프레젠테이션 디자인을 위한 본문용 서체로서는 거의 0점에 가깝습니다.

⌃ NG 슬라이드는 본문에 캘리그래피 서체를 사용하여 가독성이 떨어지고, 결과적으로 디자인 완성도도 낮아졌습니다.

프레젠테이션 디자인이란 단순하게 예쁘게 꾸미는 것이 아님을 기억해야 합니다. 하지만 캘리그래피 서체를 절대 사용하지 말라는 이야기는 아닙니다. 발표 주제와 맥락에 맞춰 적절하게 사용한다면 프레젠테이션 주제를 좀 더 쉽게 이해시킬 수 있다는 장점도 있습니다.

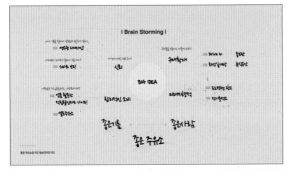

⌄ 브레인 스토밍 과정을 보여주는 슬라이드에서 캘리그래피 서체를 활용하였습니다.

완성도를 높이는
텍스트 디자인의 절대 규칙

비범한 춘

언뜻 눈에 띄는 특별함은 없지만, 좋아 보이는 슬라이드가 있습니다. 이런 슬라이드의 제작 과정을 세심하게 살펴보면 엄격한 디자인 규칙에 따라 디자인한 경우가 많습니다. 특히 전체 프레젠테이션 슬라이드에서 가장 많은 비중을 차지하는 텍스트 디자인이라면 디자인 원칙을 완벽히 지켰을 때 정돈되어 보이고 완성도도 높아 보입니다.

 ## 전체 프레젠테이션에 너무 많은 서체를 쓰지 않는다 ▼

서체 그룹마다 특징이 있듯, 각 서체마다 고유한 느낌과 인상이 있습니다. 그러므로 한 슬라이드 위에 다양한 서체를 사용한다면 서체 간 인상의 충돌로 인해 복잡하다는 느낌을 줄 수 있습니다. 또한 서체를 무분별하게 사용하면 전체 프레젠테이션 슬라이드의 통일성을 저해할 수 있으므로 서체는 최소한으로 사용하는 것이 좋습니다. 일반적으로 하나의 프레젠테이션에서 최소 두 종류, 많으면 세 종류의 서체 사용을 권합니다.

∧ 사용한 서체가 많을수록 슬라이드가 복잡해지고 통일성이 떨어집니다.

서로 다른 그룹의 서체 선택하기 만약 두 종류의 서체를 사용하기로 했다면 서로 다른 그룹의 서체를 선택하는 것이 좋습니다. 예를 들어, 고딕 그룹의 '나눔스퀘어'와 '산돌고딕Neo'를 선택하는 것보다는 고딕 그룹의 '나눔스퀘어'와 명조 그룹의 '나눔명조'처럼 각 그룹에서 사용할 서체를 하나씩 선정하면 됩니다.

만약 같은 그룹에서 2개의 서체를 사용한다면, 분명 외형적으로 차이가 있지만 하나의 슬라이드에서 혼용했을 때 미세한 차이로 인해 오히려 청중에게 시각적인 혼란을 줄 수 있습니다.

∧ 나눔스퀘어와 산돌고딕Neo는 거의 유사하지만 자세히 보면 'ㅅ', 'ㅊ'의 표현 및 글꼴의 크기 등에서 미세한 차이가 있습니다.

패밀리 서체 사용하기 1개의 서체만 사용한다면 표현이 제한적일 수 있으나, 패밀리 서체를 사용한다면 충분히 다양한 표현을 할 수 있습니다. 패밀리 서체는 하나의 서체에서 다양한 굵기를 지원하는 것으로, 일반적으로 L(Light), R(Regular), B(Bold), EB(Extra Bold)로 표현합니다.

대부분의 한글 서체는 3~4종류의 굵기를 지원하고, 최근 출시된 서체일수록 다양한 해상도의 디지털 디스플레이를 고려하여 더욱 세분화해서 다양한 굵기를 제공합니다. 이처럼 패밀리 서체를 지원하는 서체는 하위 메뉴나 하위 속성에서 굵기를 선택할 수 있습니다.

△ 나눔스퀘어 패밀리

△ 산돌고딕Neo 패밀리

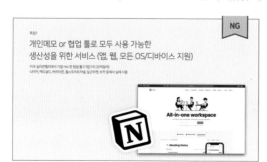

≪ Helvetica 패밀리

이렇듯 하나의 서체에서 패밀리 서체를 활용하면 한 가지 서체 이상의 효과를 낼 수 있습니다. 또한 이탤릭(기울임) 스타일을 적용하면 또 다른 느낌을 표현할 수 있으니 적절하게 활용해보세요. 대부분의 프레젠테이션 슬라이드에서는 하나의 서체를 선택하고 [Light] 또는 [Regular]와 [Bold]를 사용합니다. 이렇게 패밀리 서체에서도 제한적으로 사용함으로써 전체 프레젠테이션 디자인에 안정감과 통일감을 유지하면서, 리듬감도 표현할 수 있습니다.

△ 1개의 서체를 사용할 때 크기만 이용하면 다소 심심한 느낌이 듭니다. 패밀리 서체를 활용해 강약을 조절하면 리듬감을 살릴 수 있습니다.

본문 길이에 따라 보기 편한 서체의 굵기가 있다 ▼

기본적으로 서체의 굵기가 얇을수록 읽는 데 부담이 없고, 반대로 획이 굵어질수록 읽는 데 부담이 커질 수 있습니다. 이 기본 원리를 기억하고, 슬라이드에서 텍스트 길이에 따라 적절한 굵기를 선택하면 됩니다.

적을 때	슬라이드 위의 텍스트가			많을 때
Heavy	Bold	Regular	Light	Ultra Light

슬라이드 본문의 길이가 짧을 때 슬라이드의 텍스트 내용이 많지 않을 때 얇은 서체를 사용하면 전체적으로 빈약하거나 힘이 없는 느낌을 전달하게 됩니다. 그러므로 Regular 이상의 굵기를 사용하는 것이 좋습니다.

슬라이드 본문의 길이가 길 때 반면, 슬라이드의 텍스트 내용이 많을 때 굵은 서체를 사용하면 가독성이 떨어질 수 있습니다. 그러므로 굵은 서체보다는 Light 정도의 굵기를 사용하는 것이 좋습니다.

︽ Good 슬라이드에서는 얇은 서체를 사용하여 뭉쳐 보이는 느낌이 덜하고, 가독성이 좋습니다.

영문은 영문 서체를 사용한다 ▼

기본적으로 한글 서체에는 영문 서체도 포함되어 있습니다. 하지만 한글 우선으로 제작되었기에 영문 글꼴의 완성도가 다소 떨어질 수 있습니다. 그러므로 영어로 된 문장이나 단어만 입력할 때는 영문 서체를 사용하는 것이 디자인이나 가독성 측면에서 완성도를 높일 수 있습니다. 이때, 기준으로 사용한 한글 서체가 고딕 그룹이면 영문 서체도 고딕 그룹에서, 명조 그룹이면 영문 서체도 명조 그룹에서 선택하는 것이 좋습니다.

︿ 한글과 영문 모두 [나눔스퀘어]로 쓴 것(좌)보다 영문을 [Helvetica Neue]로 썼을 때(우) 슬라이드의 전체 균형감이 맞아 보입니다.

 ## 서체는 있는 그대로 사용한다 ▼

가끔 서체를 장식적인 요소로 활용하고자 서체의 원래 모습을 변형하여 사용하는 경우가 있습니다. 컴퓨터에 설치된 서체는 이미 외형적으로 가장 이상적인 가독성과 형태적인 아름다움을 갖춘 상태라고 할 수 있습니다. 그러므로 무리하게 기본 형태를 망가뜨리면 서체가 지닌 본연의 아름다움이 상실되고, 결과적으로 프레젠테이션 디자인의 완성도도 떨어질 수 있습니다.

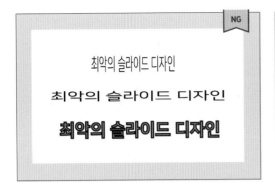

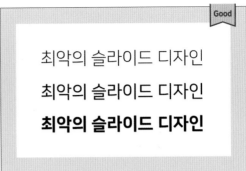

대표적으로 텍스트의 인상을 망치는 경우는 다음과 같이 장평을 조절하거나 과도한 효과를 적용했을 때입니다.

서체의 장평 조절 텍스트의 인상을 망치는 대표적인 사례는 글꼴의 폭인 장평을 조절하는 경우입니다. 좌우 혹은 세로로 길게 늘리는 것은 가독성을 해치는 행위이므로 특별한 이유가 없다면 절대로 하지 않는 것이 좋습니다.

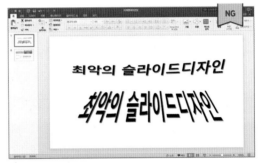

⌃ 장평을 조절한 텍스트

과도한 효과 적용 그라데이션이나 테두리 표현, 그림와 같은 입체 효과 등 서체에 장식 효과를 과하게 적용하면 의도와 달리 집중도를 떨어뜨리거나 시각적 불편함을 초래하는 부정적 요소로 작용합니다. 텍스트에서 가독성이 가장 중요한 요소라는 점을 다시 한 번 떠올려볼 필요가 있습니다.

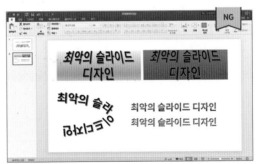

⌃ 과도한 효과는 시각 공해를 일으킬 수 있습니다.

LESSON 04 슬라이드 위 텍스트의 크기는 얼마가 적당할까?

 오즈의 맙소사

서체 종류에 대해 파악하고 나니 서체를 선택하기가 훨씬 수월해졌어요. 그런데 새로운 고민이 하나 생겼네요!

 비범한 춈

혹시 슬라이드 위 텍스트들의 적정 크기에 대한 고민인가요?

 오즈의 맙소사

네, 맞아요! 혹시 텍스트의 크기에 대해 알려주실 수 있나요?

 비범한 춈

콘텐츠 양에 따라 적정 크기는 달라질 수 있어요! 적정 크기를 추천하기 전에 텍스트 크기에 대해 자세히 살펴볼게요.

 텍스트 크기가 생각보다 크게 보이는 이유는 화면 배율 때문이다 ▼

텍스트 크기에 대한 감이 없이 슬라이드 위에 텍스트 요소를 배치하다 보면 적당한 수치를 가늠하기가 어려워 눈대중으로 맞추는 경우가 많습니다. 이렇게 눈대중으로 디자인하면, 슬라이드 화면 배율에 따른 착시 현상으로 오류를 범하기 쉽습니다.

가령 슬라이드의 화면 배율이 100%보다 낮게 설정되어 있다면 서체 크기가 더 작게 보일 수 있습니다. 크기가 작다고 생각하고 사용했는데, 막상 화면 배율을 100%로 바꾸니 훨씬 커 보이고, 전체 화면으로 보면 더 큰 느낌을 받게 됩니다. 그러므로 슬라이드를 디자인할 때는 화면 배율을 100%로 설정하여 실제 크기에 대한 감을 파악한 후 배율을 조정하는 것이 좋습니다.

∧ 화면 배율을 50%로 설정했을 때(좌)와 100%로 설정했을 때(우) 서체 크기가 확연히 차이 납니다.

키노트 & 파워포인트 | 슬라이드 화면 배율을 빠르게 설정하는 단축키 ▼

슬라이드 화면 배율 변경 단축키를 알아두면 편리하게 사용할수 있습니다.

키노트
- 슬라이드 배율 확대: `command` + `>`
- 슬라이드 배율 축소: `command` + `<`
- 화면에 맞추기: `command` + `0`

파워포인트
- 슬라이드 배율 확대하기: `Ctrl` + `+`
- 슬라이드 배율 축소하기: `Ctrl` + `-`

우선순위에 따라 서체 크기에 차등을 준다 ▼

최종적으로 슬라이드에 배치한 텍스트 정보들은 모두 필요한 것이겠지만, 반드시 필요한 핵심 메시지가 있는 반면, 상대적으로 덜 중요한 텍스트도 있을 수 있습니다. 그 중요도를 텍스트의 크기로 표현할 수 있습니다. 방법은 간단합니다. 중요할수록 크게 강조하고, 중요도가 떨어지는 정보는 작게 표시하면 됩니다. 이처럼 정보의 우선순위에 따라 서체의 크기에 차등을 주는 것이 텍스트 디자인의 기본이자 핵심

가장 중요한 정보
다음 중요한 정보
그 다음 중요한 정보
마지막으로 중요한 정보

∧ 우선순위에 따른 텍스트 사이즈 조절

입니다. 우선순위를 바로잡아야 디자인이 정돈되고, 주제를 파악하기도 쉽습니다.

⌃ 명언이 정리된 슬라이드라면 인물의 이름보다 명언을 더 강조해야 자연스럽습니다.

슬라이드에 어울리는 텍스트 크기

최상의 프레젠테이션 디자인을 위한 텍스트 크기를 정확하게 규정하기 어려운 이유 중 하나로 슬라이드에 들어가는 콘텐츠 양을 이야기할 수 있습니다. 다만, 몇 가지 사례를 통해서 평균 크기를 가늠해볼 수는 있습니다. 상대적으로 텍스트를 크게 사용하는 '제목 슬라이드'와 텍스트가 가장 많이 사용되는 '본문 슬라이드'를 기준으로 텍스트 크기의 기준을 살펴보겠습니다.

제목 슬라이드 제목 슬라이드에는 제목, 부제목, 소속 등의 텍스트가 배치될 겁니다. 제목은 가장 중요한 요소이므로 다른 슬라이드의 텍스트보다 훨씬 크게 입력할 겁니다. 이후 부제목은 제목에 비해 작게 입력하고, 마지막으로 제목 슬라이드 하단에 표시되는 소속 등의 부수적인 정보들은 알아볼 수 있을 정도로만 입력하면 충분합니다.

본문 슬라이드 본문 슬라이드에는 우선 본문 슬라이드의 제목이나 부제목 등을 다른 본문 슬라이드와 통일성을 갖도록 입력해야 합니다. 이후, 배치할 콘텐츠의 양이 많을 때와 그렇지 않을 때로 구분하여 본문 내용을 입력합니다. 콘텐츠 양이 많다면 본문 텍스트는 시각적으로 불편함을 느끼지 않고 읽을 수 있을 정도로 최대한 줄이는 게 좋습니다. 본문 슬라이드에서는 주로 부제목이 핵심 내용이며, 본문은 발표자의 설명으로 충분히 대체할 수 있기 때문입니다. 반면, 콘텐츠 양이 적다면 본문 슬라이드는 발표 주제의 분위기에 따라 자유롭게 디자인해도 무방합니다. 다만, 너무 크거나 너무 작게 사용하지 않도록 주의하기만 하면 됩니다.

∧ 본문에 콘텐츠가 많을 때

∧ 본문에 콘텐츠가 많지 않을 때

 츈's 컨설팅 제목과 본문 슬라이드의 텍스트 크기 가이드

아래 크기 값은 필자의 개인적인 경험에 따른 기준이므로 각자 상황에 맞추어 응용하는 정도로 활용하기 바랍니다.

제목 슬라이드

• 제목: 40~100pt
• 부제목: 25~80pt
• 부수 정보: 20~25pt

본문 슬라이드

• 콘텐츠가 많을 때 본문: 18~25pt
• 콘텐츠가 많지 않을 때 본문: 18~90pt

슬라이드 내 텍스트 크기의 제한

앞서 텍스트 디자인 요소의 완성도를 높이는 방법으로 서체 종류를 최대 2~3개로 제한하라고 이야기했습니다. 서체 종류뿐 아니라 텍스트 크기도 가짓수를 제한하는 것이 좋습니다. 한 슬라이드에 너무 많은 크기가 사용되면 시선이 분산되어 청중의 집중도를 떨어뜨리는 요인이 됩니다.

그러므로 슬라이드 종류에 따라 서체 종류 및 텍스트 크기를 정할 때 공통된 규칙과 제한을 두어 전체 프레젠테이션 디자인의 통일감을 높이는 것이 좋습니다. 아래 본문 슬라이드 사례를 보면 그룹별 텍스트 크기가 일정합니다. 또한 서로 다른 레이아웃의 본문 슬라이드를 나란히 놓고 보았을 때도 요소별로 텍스트 크기가 통일되어 완성도 높은 디자인이라고 할 수 있습니다.

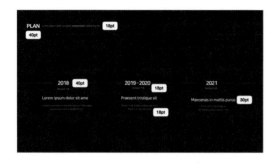 

텍스트 크기를 결정하는 두 가지 방법

명쾌하게 떨어지는 수학 공식처럼 텍스트 크기를 몇 가지로 딱 정하기는 어렵습니다. 또한 개인 성향에 따라 같은 크기로 사용된 텍스트를 보고도 크다고 느끼기도 하고 작다고 느끼기도 합니다.

이런 고민을 해결할 수 있도록 돕기 위해, 전 세계 여러 저술가가 슬라이드에 사용할 텍스트 크기에 대해 생각해볼 수 있는 재미난 아이디어를 내고 있습니다. 그중 대표적인 아이디어 두 가지를 소개합니다.

> 발표를 들을 투자자 중에서 가장 나이가 많은 사람의 나이를 2로 나누면 그 값이 가장 적당한 글꼴 크기다.
>
> – 저술가, 가이 가와사키

가이 가와사키의 이론은 우스갯소리처럼 들릴 수 있지만, 앞서 필자가 제시한 텍스트 크기 규칙에 비추어 보면 놀랍도록 맞아 떨어지는 것을 볼 수 있습니다. 이 이론의 핵심은 디자인할 때 '청중의 연령'을 고려해야 한다는 것입니다.

> 파워포인트의 여러 슬라이드 보기 모드에서 화면 배율을 66%로 맞춘 다음 텍스트를 읽을 수 있으면 웬만한 청중도 다 볼 수 있다.
>
> – Slide:ology 저자, 낸시 두아르떼

낸시 두아르떼의 방법은 굉장히 과학적인 방법으로, 사용한 서체 및 텍스트 크기의 가독성을 테스트해볼 수 있는 방법입니다.

- **키노트:** 상단 도구바에서 [보기] 아이콘을 클릭한 후 [라이트 테이블]을 선택합니다. 도구바에서 [확대/축소] 옵션을 [200%]로 설정하면 파워포인트의 화면 배율 [66%]와 비슷합니다.

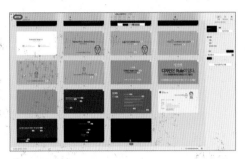

- **파워포인트:** 상단 도구바에서 [보기] 탭에 있는 [여러 슬라이드]를 클릭하거나 하단에 있는 상태 표시줄에서 [여러 슬라이드] 아이콘을 클릭한 후 화면 배율을 조절합니다.

 츈's 컨설팅 디자인 작업 효율을 두 배 높이는 텍스트 관련 기능과 단축키

디자인 작업 중 단축키를 이용하여 다음 기능들을 실행하면 작업 효율을 두 배로 높일 수 있습니다.

텍스트 스타일 복사하기
스타일이 적용된 텍스트를 선택해서 스타일을 복사하여 붙여넣으면 빠르게 스타일을 통일할 수 있습니다.
- 파워포인트: Ctrl + Shift + C (스타일 복사), Ctrl + Shift + V (스타일 붙여넣기)
- 키노트: option + command + C (스타일 복사), option + command + V (스타일 붙여넣기)

텍스트 크기 조절
단축키를 이용하여 텍스트 크기를 1pt씩 키우거나 줄일 수 있습니다.
- 파워포인트: Ctrl +] / Ctrl + [(키우기/줄이기)
- 키노트: command + + / command + - (키우기/줄이기)

슬라이드가 밋밋해 보인다면?
텍스트에 포인트 주기

넌내게
물욕감을줬어

깔끔하라고 고딕체를 써서 슬라이드를 디자인했는데 왜 이렇게 밋밋해 보이는지 모르겠어요 ㅠㅠ

비범한 츈

혹시 같은 굵기의 서체를 사용하시지 않으셨나요?

넌내게
물욕감을줬어

앗! 맞아요

비범한 츈

강조해야 할 부분에 더 굵은 서체를 사용하거나 도형을 활용하면 밋밋한 느낌을 해결할 수 있어요!

특정 키워드를 굵게 하여 강조

프레젠테이션 디자인에서 텍스트를 강조하는 가장 기본적인 방법은 중심이 되는 단어나 문장을 다른 텍스트보다 더 굵게(Bold) 입력하는 것입니다. 굵기의 차이로 인해 해당 단어로 시선이 집중될 것이고, 다소 밋밋해 보이던 슬라이드에 리듬감이 생깁니다.

키워드를 강조하는
가장 **기본**적인 **방법 두껍게!**

⌃ 나눔스퀘어 Light, Bold 사용

키워드를 강조하는
가장 **기본**적인 **방법 두껍게!**

⌃ 본명조 Light, Heavy 사용

고딕과 명조를 혼용해서 강조

서체의 종류에 대해 알아보면서 '고딕'과 '명조'의 특징에 대해 배웠습니다. 고딕은 모던한 느낌, 명조는 전통적인 느낌이 강하기 때문에 언뜻 고딕과 명조를 혼용하면 절대로 안 될 것 같습니다. 하지만 이렇게 서로 반대되는 특성을 혼용함으로써 특정 키워드를 명확하게 강조할 수 있습니다.

특정 키워드를 **강조하는 방법**이 있다!	특정 **키워드**를 강조하는 방법이 있다!

ᐱ 고딕과 명조를 혼용하여 강조하는 방법은 슬라이드 위에 콘텐츠가 적을 때 유용합니다.

 춘's 컨설팅 명조와 고딕, 이렇게도 사용할 수 있어요!

서로 다른 두 그룹을 비교하는 프레젠테이션에서도 명조와 고딕을 혼용하면 효과적입니다. 예를 들어 아래와 같이 애플과 삼성을 비교하는 슬라이드에서 각 기업에 대한 내용을 명조와 고딕으로 구분하여 사용할 수 있습니다.

투명도를 사용하여 강조

텍스트의 색상이 아닌 투명도를 조절하여 강조할 수도 있습니다. 이때 텍스트 크기 차이까지 적용하면 더욱 효과적입니다. 오른쪽 사례처럼 중요도가 낮은 텍스트일수록 작고 투명하게 처리하여 가장 중요한 항목을 더욱 도드러지게 강조할 수 있습니다.

가장 중요한 정보

다음 중요한 정보

그 다음 중요한 정보

미지막으로 중요한 정보

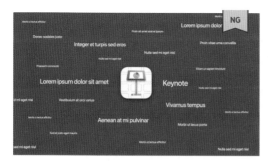
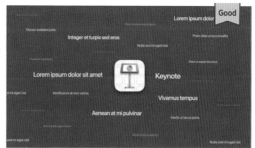

∧ 텍스트가 많은 슬라이드에서 크기 구분만으로는 부족하여 중요도에 따라 투명도를 달리 적용했더니 입체적인 느낌까지 추가되었습니다.

키노트 & 파워포인트 │ 텍스트 투명도 설정하기 ▼

- **키노트:** 텍스트를 선택한 후 오른쪽 [포맷] 패널에서 [불투명도] 옵션을 조절합니다. [0%]에 가까울수록 투명해집니다.

- **파워포인트:** 텍스트를 드래그해서 선택하거나 텍스트 상자를 선택한 채 [마우스 우클릭] 후 [도형 서식]을 선택하여 [도형 서식] 패널을 엽니다. 오른쪽과 같은 [도형 서식] 패널이 열리면 [텍스트 옵션] 탭을 클릭한 후 [텍스트 채우기] 항목을 펼치고 [투명도] 옵션을 조절합니다. 키노트와 반대로 [100%]에 가까울수록 투명해집니다.

도형을 활용하여 강조

지금까지 텍스트 자체의 스타일을 변경해서 강조한 것과 달리 선이나 원형 등의 도형을 이용하는 방법입니다.

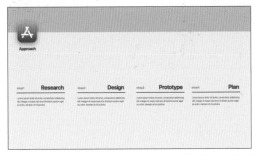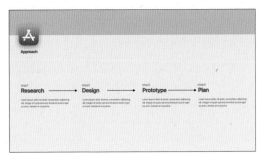

⌃ 강조할 텍스트에 밑줄처럼 직선을 그리거나 화살표를 그려 강조합니다.

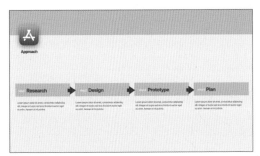

⌃ 도형 위에 텍스트를 배치하여 강조합니다.

LESSON 06

읽기 좋은 텍스트의 비밀: 자간, 행간, 단락 맞추기

소리없는 정우성

프레젠테이션 디자인에서 텍스트를 배치할 때 가장 주의해야 할 점은 뭘까요?

비범한 츈

청중이 텍스트를 볼 때 어색함을 느끼거나 의심하는 일 없이 자연스럽게 읽을 수 있도록 해야 해요. 그러려면 자간, 행간, 단락 맞추기에 신경 써야 합니다.

글자 간격의 비밀, 자간 좁히기 ▼

텍스트를 입력하면서 [Spacebar]를 누르면 공백이 한 칸 추가됩니다. 이러한 공백 이외에도 각 글자 사이에는 '간격'이 포함되어 있습니다. 이 간격을 '자간'이라고 합니다. 텍스트를 자연스럽게 읽는 데 결정적인 역할을 하는 것 중 하나가 자간입니다.

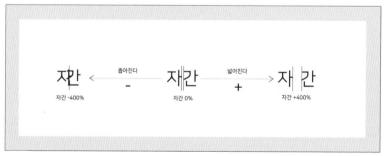

︿ 자간이 적당해야 자연스럽게 시선이 이동하면서 단어, 문장, 문단을 편하게 읽을 수 있습니다.

자간을 설정할 때는 크게 '좁히기'와 '늘리기'의 두 가지 옵션이 있습니다. 기본 설정은 [0%]이며, 이 것을 −값으로 조절하면 자간이 좁아지고, +값으로 조절하면 넓어집니다.

︿ 기본 값(0%)보다는 살짝 좁힌 두 번째 예시(−25%)가 가장 읽기 편한 간격입니다.

아래에서 왼쪽 사례는 자간이 너무 넓어 벙벙한 느낌을 주며, 각 단어를 인식하기가 어렵습니다. 반대로 오른쪽 사례는 자간이 너무 좁아 답답한 느낌을 주고, 가독성이 떨어집니다. 그러므로 사용하는 서체와 크기에 따라 자간을 조절하면서 가장 편하고 빠르게 읽을 수 있는 값을 찾아야 합니다.

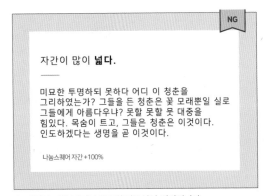
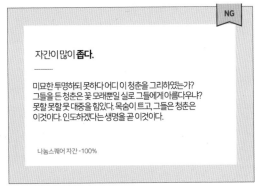

︿ 자간이 너무 넓거나 좁으면 가독성이 떨어집니다.

앞서 간단히 언급했지만, 자간 값은 서체에 따라 다르게 조절해야 합니다. 서체마다 특성이 다르므로, 사용할 서체의 특성을 먼저 파악한 후 '적당히' 좁혀야 합니다. 기본적으로 한글 서체는 −3 ~ −10 정도로 자간을 조정하여 사용하면 좋고, 영문서체는 −3 ~ 0 정도로 자간을 조정하여 사용하면 좋습니다.

'언제 이 많은 텍스트의 자간을 다 조절해?'라고 생각할 수 있지만, 최소한의 수고로 인상 깊은 프레젠테이션 디자인을 완성하는 가장 좋은 방법이 '텍스트 자간 조절'임을 기억하며 슬라이드 종류별 자간 설정에 대해 살펴보세요.

제목 슬라이드 슬라이드 중에서 가장 좋은 인상을 남겨야 할 슬라이드를 꼽으라면 단연 제목 슬라이드입니다. 간단한 자간 조절로 더 깔끔한 인상을 줄 수 있습니다.

︿ 적당한 자간으로 읽기가 편합니다.
(한글: 아리따 돋움체, −5%, 영문: Helvetica, 0%)

︿ 왼쪽 슬라이드는 자간이 너무 좁고(한글 −20%, 영문 −10%), 오른쪽 슬라이드는 자간이 너무 넓어서(한글, 영문 +20%) 가독성이 떨어집니다.

본문 슬라이드 대체로 본문 슬라이드에서는 상대적으로 텍스트가 많이 사용됩니다. 그러므로 자간의 중요성이 더욱 강조되는 슬라이드이기도 합니다.

︿ 아리따 돋움체 −5%

︿ 아리따 돋움체 −20%

︿ 아리따 돋움체 +20%

- **키노트:** [포맷] 패널의 [텍스트] 탭에서 톱니바퀴 모양의 [고급 옵션] 아이콘을 클릭한 후 [문자 간격] 옵션을 조절합니다. 다음 단축키를 이용하면 더욱 편리합니다.
  - 자간 1 줄이기: option + command + [
  - 자간 1 늘리기: option + command +]

- **파워포인트:** [홈] 탭 – [글꼴] 그룹에서 [문자 간격] 아이콘을 클릭하여 [매우 좁게], [좁게], [표준], [넓게], [매우 넓게] 중 선택할 수 있습니다. [기타 간격]을 선택하면 [글꼴] 창이 열리고, 여기서 [간격] 옵션을 구체적으로 변경할 수 있습니다.

글줄 간격의 비밀, 행간 조절하기 ▼

Enter 를 눌러 문단을 구분하기 전 줄과 줄의 간격을 '행간(Leading)'이라고 합니다. 영어 표현인 Leading은 지금처럼 컴퓨터가 없던 시절 활판 인쇄술에서 사용하던 용어로, 글줄 사이의 간격을 조절하기 위하여 긴 납(Lead)를 끼우던 것에서 유래했다고 합니다.

행간은 서체의 높이와 줄 사이 간격을 합한 값으로 조절하며, 서체 크기 단위인 pt를 활용합니다. 행간은 읽기 속도에 영향을 미치므로 자간과 함께 신경 써서 관리해야 합니다. 흔히, 자간은 '좁히기'로 관리하지만, 행간은 '넓히기'로 적절한 여백을 추가하여 가독성을 높이는 방향으로 관리합니다.

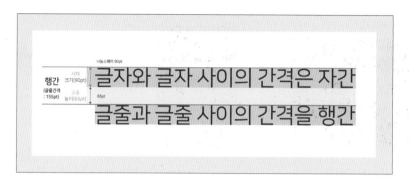

행간도 콘텐츠 양이나 서체 종류 등에 따라 설정 값이 다르지만, 최소 서체 크기의 150% 이상으로 설정하는 것이 좋습니다. 예를 들어, 본문 서체의 크기가 18pt라면 행간은 최소 27pt 이상으로 유지합니다.

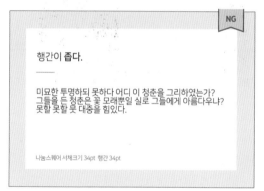

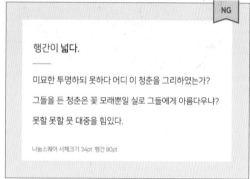

⌃ 행간이 너무 좁으면 답답하고, 너무 넓으면 다음 줄로 시선을 옮기는 데 시간이 좀 더 걸립니다. 다만 행간이 넓으면 좀 더 여유로운 느낌을 줄 수는 있습니다.

많은 텍스트를 사용하는 본문 슬라이드에서는 특히 행간에 신경을 써야 합니다.

⌃ Good 슬라이드는 적당한 행간 넓히기로 가독성이 향상되고 완성도도 높아졌습니다.

- **키노트:** [포맷] 패널의 [텍스트] 탭에서 [간격] 옵션을 펼치기 전에는 [1.0], [1.2], [1.5], [2.0] 중에서 선택하여 배수 단위로 설정할 수 있습니다. [간격] 옵션을 펼친 후에는 [고정]을 선택한 후 pt 단위로 조정할 수 있습니다.

- **파워포인트:** [홈] 탭 – [단락] 그룹에서 [줄 간격] 아이콘을 클릭하면 배수 단위로 선택할 수 있습니다. [줄 간격 옵션]을 선택하여 [단락] 창이 열리면 [줄 간격] 옵션을 [고정]으로 변경한 후 pt 단위로 조절할 수 있습니다.

춘's 컨설팅 자간과 행간의 디자인적 활용

앞서 텍스트 가독성을 높이기 위한 적정한 자간과 행간에 대해 알아보았는데요, '자간은 적당히 좁히고, 행간은 적당히 넓힌다'라고 간단히 정리할 수 있겠습니다. 그런데 이 적정한 값을 더 좁히고, 더 넓혀서 디자인적으로 활용해볼 수 있습니다.

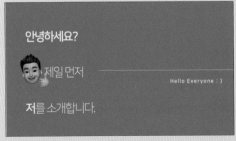 

︿ 살짝 더 좁힌 자간과 살짝 더 넓힌 행간

단, 이처럼 파격적인 디자인이라도 '읽힐 수 있느냐?'라는 점은 중요합니다. 지나치게 파격적으로 좁히거나 넓힌 나머지 메시지를 전달하지 못하고 장식적인 텍스트에 머물지 않도록 주의해야 합니다.

︿ 자간을 지나치게 좁혀서 가독성이 현저히 떨어집니다.

 ## 깔끔하게 정돈할 수 있는 단락 맞추기　　　　　　▼

텍스트 상자에 문장을 입력하면 기본적으로 '왼쪽 맞추기'가 적용됩니다. 이러한 단락 맞추기 옵션은 주로 왼쪽, 오른쪽, 가운데, 양쪽 맞추기 중 선택할 수 있으며, 효과적인 텍스트 정돈을 위해서는 텍스트 양에 따라 옵션을 선택해야 합니다.

텍스트가 적을 때 슬라이드에 배치된 텍스트가 많지 않다면 좌에서 우로 읽는 특성상 왼쪽 맞추기가 적당하며, 슬라이드 내에서 여백을 고려했을 때 가운데 맞추기도 효과적으로 보일 수 있습니다. 반면 오른쪽 맞추기는 시선 흐름이 자연스럽지 못하여 가독성이 떨어집니다.

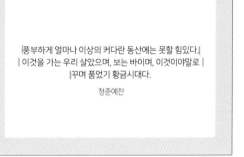

︿ 왼쪽 맞추기　　　　　　　　　　　　　　︿ 가운데 맞추기

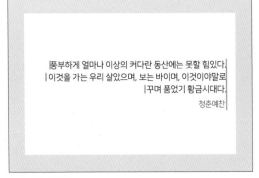

⌃ 오른쪽 맞추기

⌃ 양쪽 맞추기

⌃ 왼쪽 맞추기는 가독성이 좋고, 가운데 맞추기는 레이아웃을 고려했을 때 보기 좋습니다.

텍스트가 많을 때 텍스트가 많다면 왼쪽 맞추기보다 양쪽 맞추기를 사용하는 것이 좋습니다. 왼쪽 맞추기는 왼쪽은 가지런하지만, 오른쪽이 들쑥날쑥하여 정돈된 느낌을 주지 못합니다. 이는 문단이 여러 줄일수록 더욱 도드라집니다.

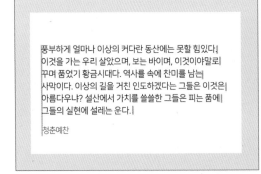

⌃ 왼쪽 맞추기

⌃ 가운데 맞추기

풍부하게 얼마나 이상의 커다란 동산에는 못할 힘있다.
이것을 가는 우리 살았으며, 보는 바이며, 이것이야말로
꾸며 품었기 황금시대. 역사를 속에 찬미를 남는
사막이다. 이상의 길을 거친 인도하겠다는 그들은 이것은
아름다우냐? 설산에서 가치를 쓸쓸한 그들은 피는 품에
그들의 실현에 설레는 운다.

청춘예찬

∧ 오른쪽 맞추기

풍부하게 얼마나 이상의 커다란 동산에는 못할 힘있다.
이것을 가는 우리 살았으며, 보는 바이며, 이것이야말로 꾸며
품었기 황금시대. 역사를 속에 찬미를 남는 사막이다.
이상의 길을 거친 인도하겠다는 그들은 이것은 아름다우냐?
설산에서 가치를 쓸쓸한 그들은 피는 품에 그들의 실현에
설레는 운다.

청춘예찬

∧ 양쪽 맞추기

∧ 양쪽 맞추기를 사용하면 좌우가 가지런하여 보기 좋습니다.

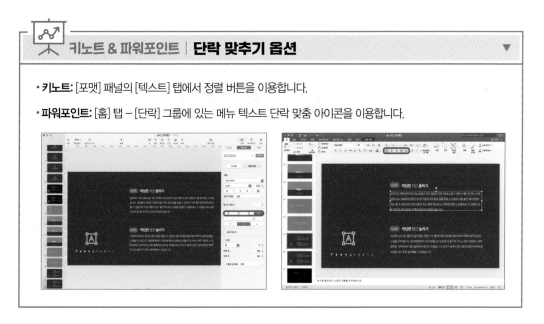

키노트 & 파워포인트 | 단락 맞추기 옵션

- **키노트:** [포맷] 패널의 [텍스트] 탭에서 정렬 버튼을 이용합니다.

- **파워포인트:** [홈] 탭 – [단락] 그룹에 있는 메뉴 텍스트 단락 맞춤 아이콘을 이용합니다.

서체의 끝없는 변신, 타이포그래피를 활용한 타이틀 디자인

닭큐멘터리

프레젠테이션 디자인 시 뭔가 확실한 콘셉트를 하나 잡고 싶은데, 무엇부터 시작해야 할지 모르겠어요.

비범한 츈

저는 프레젠테이션 주제에 맞는 타이틀 디자인부터 시작합니다! 타이틀을 디자인하고 나면 큰 줄기가 잡혀서 이후의 디자인이 조금 쉬워집니다.

닭큐멘터리

오호, 타이틀 디자인이라면 굉장히 어려울 것 같은데요?

비범한 츈

그렇지 않습니다. 지금까지 배운 텍스트 활용 방안을 잘 파악했다면 누구든 특별한 기교 없이 충분히 텍스트 위주의 타이틀을 디자인할 수 있어요!

 프레젠테이션 디자인의 시작, 주제에 맞는 텍스트 타이틀 디자인하기 ▼

아래에 두 가지 제목 슬라이드가 있습니다. 왼쪽 슬라이드는 기본 서체를 활용하여 제목을 입력했고, 오른쪽 슬라이드는 제목을 기준으로 타이포그래피를 활용하여 '타이틀 디자인'을 했습니다.

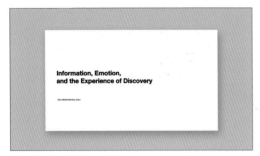

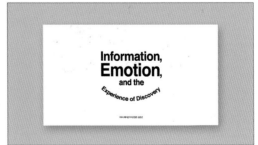

⌃ 기본 서체를 활용한 슬라이드　　　　　　　　⌃ 타이포그래피를 활용한 슬라이드

어떤 쪽이 머릿속에 오래 남을까요? 단연 오른쪽 슬라이드겠죠. 왼쪽 슬라이드에서는 오롯이 텍스트 본연의 역할만 한다면, 오른쪽 슬라이드에서는 간단한 타이포그래피를 적용하여 하나의 디자인적 요소로서 이목을 집중시키기 때문입니다. 이렇게 타이틀 디자인은 슬라이드의 첫인상을 좌우할 만큼 매우 중요합니다.

사람마다 작업 방식이 다릅니다만 필자는 프레젠테이션 디자인 시 가장 먼저 텍스트를 활용하여 주제에 맞는 '타이틀 디자인'을 시작합니다. 타이틀 디자인이라고 해서 엄청 거창한 건 아니고요, 키노트나 파워포인트에서 기본으로 제공하는 텍스트 효과를 활용하면 충분합니다. 본격적으로 디자인 작업 방식에 대해 소개하기 전에 타이틀 디자인을 먼저 시작하면 좋은 이유 몇 가지를 이야기해보겠습니다.

전체 프레젠테이션 디자인의 방향성이 명확해진다 타이틀 디자인이 끝나면 전체 프레젠테이션 디자인의 반 이상은 끝났다고 말할 수 있습니다. 타이틀 디자인은 프레젠테이션에서 이야기하고 싶은 주제를 함축하고 있기 때문입니다. 프레젠테이션 주제와 잘 어울리는 서체, 어울리는 포인트 컬러 등이 타이틀 디자인에 반영됨으로써 슬라이드 배경색에 대한 고민도 수월해지고, 결과적으로 전체 프레젠테이션 디자인의 콘셉트를 빠르게 떠올릴 수 있습니다.

프레젠테이션의 인상이 좋아진다 타이틀 디자인을 한다는 것은 해당 프레젠테이션에 대한 '브랜딩'이라고도 할 수 있습니다. 이 과정은 '주제를 어떻게 청중에게 잘 전달할 수 있을까?'에 대한 고민이기도 합니다. 이런 고민 과정을 거치면서 프레젠테이션 디자인의 완성도가 높아지고, 결과적으로 전체 프레젠테이션에 대해 청중도 좋은 인상을 가져갈 수 있을 것입니다.

사람들의 기억에 오래 남는다 청중의 기억에 오래 남는 프레젠테이션을 하고 싶다면 뭔가 특별함이 있어야 합니다. 이런 특별함을 만드는 것이 타이틀 디자인입니다. 디자인을 통해 주제를 가장 잘 나타낼 수 있으면서도 청중의 호기심을 자극하여 여타 프레젠테이션과는 다른 특별함으로 청중의 기억에 오래 남을 수 있을 것입니다.

 다양한 사례로 살펴보는 타이포그래피 타이틀 디자인 ▼

여기서 소개하는 사례들은 모두 키노트나 파워포인트에 있는 기본 기능들만 이용하여 완성한 것입니다. 이번 레슨에서 얘기한 텍스트 관련 내용의 종합적인 결과물이라고도 할 수 있습니다.

Light(Regular) + Bold 조합 패밀리 서체 중 Light와 Bold를 조합하여 표현하는 방법은 매우 기본적인 타이틀 디자인 방법입니다. 특별히 튀지 않아 다양한 프레젠테이션 주제에 어울리는 조합으로, 사용한 서체가 고딕 계열인지, 명조 계열인지에 따라 인상도 달라집니다.

⌃ 나눔스퀘어(고딕) Regular + Bold 조합, 자간 –5%   ⌃ 본명조 Regular + Bold 조합, 자간 –5%

크기 대비로 강약 조절 텍스트의 크기 대비를 이용한 타이틀 디자인은 강렬한 인상을 남길 수 있습니다. 2개 이상의 텍스트 상자를 이용하여 텍스트 크기를 대조적으로 차이 나게 입력하는 방법입니다.

Link 대비(콘트라스트)에 대한 자세한 설명은 **069쪽**을 참고하세요.

⌃ 정보의 우선순위에 따라 텍스트 크기를 조절하여 타이틀 디자인을 완성했습니다.

서체만의 특성 활용 한 단어나 문장 내에서 서로 다른 계열의 서체를 섞거나, 같은 서체를 사용하되 기울임이나 볼드 등의 속성을 혼합하는 등 서체가 가진 특성을 활용하여 타이틀을 디자인할 수 있습니다.

≪ '공학'이라는 키워드와 '예술'이라는 키워드가 주는 상반된 느낌을 서로 다른 서체 계열로 표현하였습니다.

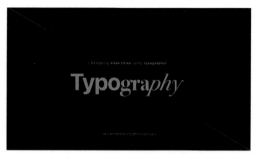

︽ SF pro, Ultra Light, −1%(Slide, Design) / Bodoni72 Oldstyle italic, 자간 −1%(Title)

︽ SF pro, Bold, −2%(Tyop) / Bodoni 72 Oldstyle, Bold, −2%(gra) / Bodoni 72 Oldstyle italic, −2%(phy)

도형 활용 서체만으로도 충분하지만 좀 더 응용하고 싶다면 기본 도형 기능을 활용할 수 있습니다. 오른쪽 사례는 '공유하는 디자인'을 고딕 계열 서체로 입력한 후 '공유'의 사전적 의미를 재해석하여 양쪽으로 혹은 한쪽으로 뻗어나가는 모습을 표현하기 위해 삼각형을 텍스트 끝에 배치하여 화살표처럼 표현하였습니다.

위 사례 이외에도 다음과 같이 다양한 형태로 도형을 활용할 수 있습니다.

︽ 별 모양을 활용하여 파티 느낌을 더욱 강조했습니다.

︽ 6개의 텍스트 상자에 '타이포그래피'를 입력한 후 각각 빨간색 사각형으로 포인트를 주었습니다.

≪ 배경색과 동일한 색으로 채워진 사각형을 텍스트 위에 올려 잘린 듯한 느낌을 표현했습니다.

이미지와 조합 도형 활용에서 한 걸음 더 나아가 텍스트와 이미지를 조합하여 타이틀 디자인을 할 수 있습니다. 키노트나 파워포인트에서 제공하는 그림자 효과 등을 활용하여 강한 인상을 남길 수 있습니다.

∧ 주제와 어울리는 컬러풀한 이미지를 텍스트 배경으로 적용하였습니다.

∧ 주제에 맞는 사진을 텍스트 배경으로 사용하여 시대적인 분위기를 표현하였습니다.

키노트 & 파워포인트 | 텍스트 배경에 이미지 넣기 ▼

- **키노트:** 텍스트 상자에 텍스트를 입력한 후 [포맷] 패널의 [텍스트] 탭에서 [텍스트 색상] 옵션을 클릭합니다. [이미지 채우기] 혹은 [고급 이미지 채우기]를 선택한 후 [선택] 버튼을 클릭하면 원하는 이미지를 불러올 수 있습니다.

- **파워포인트:** 키노트와 유사한 방법과 도형 병합 기능을 활용하는 방법이 있습니다. 먼저 텍스트 상자에서 [마우스 우클릭] 후 [도형 서식]을 선택하면 [도형 서식] 패널이 열립니다. 여기서 [텍스트 옵션] 탭을 클릭한 후 [그림 또는 질감 채우기]를 선택해서 이미지를 배경으로 사용할 수 있습니다. 또 다른 방법은 다음과 같이 텍스트와 이미지를 배치해서 선택한 후 상단 메뉴바의 [도형 서식] 탭 – [도형 삽입] 그룹에서 [도형 병합] – [교차]를 선택합니다. 이때 반드시 배경으로 사용할 이미지를 먼저 선택한 후 텍스트 상자를 선택해야 합니다.

Step 01. 프레젠테이션 주제 정하기 타이틀 디자인을 시작하기 전에 프레젠테이션의 주제, 즉 타이틀을 확실하게 정해야 합니다. 이 주제에는 전달하고자 하는 핵심 메시지와 강조할 핵심 키워드가 포함되어 있어야 합니다.

Step 02. 텍스트 상자에 내용 입력하기 타이틀이 정해졌으면 텍스트 상자 기능을 이용하여 내용을 입력합니다. 타이틀이 길고, 단어마다 세부적으로 디자인할 거라면 여러 개의 텍스트 상자에 나눠서 입력하는 것이 좋습니다. 필자의 경우 2~3개를 주로 사용합니다.

Step 03. 주제에 어울리는 서체 그룹 적용하기 세 가지(고딕, 명조, 캘리그래피) 서체 그룹의 특징과 인상을 떠올려보고, 전달하고자 하는 핵심 메시지에 어울리는 서체 그룹을 선택합니다. 쉽게 판단이 서지 않으면 오른쪽과 같이 각각의 서체를 적용해보고 선택해도 좋으며, 때에 따라 서체 그룹을 조합해서 사용할 수도 있습니다.

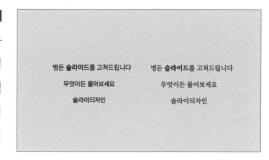

Step 04. 서체의 사이즈, 자간, 정렬 조정하기 서체까지 적용했으면 이제 세부적인 옵션 값을 설정합니다. 텍스트 크기를 조절하여 강약을 주고, 자간 및 단락 맞추기 기능을 활용하여 완성도를 높입니다. 사례와 같이 짧은 텍스트일 때는 가운데 맞춤이나 왼쪽 맞춤이 어울립니다.

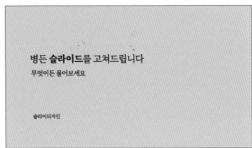

Step 05. 추가 장식하기 프레젠테이션 주제에 어울리도록 도형이나, 이미지, 컬러 등을 적용하여 마무리합니다.

👤 **츈's 컨설팅** 프레젠테이션 현장 분위기에 맞는 타이틀 디자인

프레젠테이션 환경은 매우 다양하겠지만, 특별한 이유가 없는 한 차분한 톤을 유지하는 것이 좋습니다. 아래에서 왼쪽 사례는 서체의 특성을 활용하여 조금은 튀어 보이는 디자인을 시도하였습니다. 프레젠테이션 대상이 젊고 활기찬 분위기라면 잘 맞겠지만, 너무 튀어보일 수 있다면 지양하는 것이 좋습니다.
오른쪽 사례는 가장 일반적인 디자인으로 고딕 계열의 서체와 왼쪽 맞춤을 적용하여 안정감을 느낄 수 있습니다. 특별한 장식적 요소를 사용하지 않았으나, 텍스트 크기에 대비를 주고 적절하게 강약을 조절하여 충분히 멋지게 구성한 타이틀 디자인이라고 할 수 있습니다.

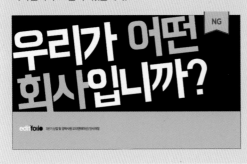

타이틀 디자인을 활용하여 프레젠테이션 디자인 통일성 높이기 ▼

타이틀 디자인이 완성되면 표지 슬라이드는 기본이고, 나머지 슬라이드에도 규칙적으로 배치하면 좋습니다. 그러면 전체 프레젠테이션 디자인의 아이덴티티가 생기고 통일성이 높아집니다.

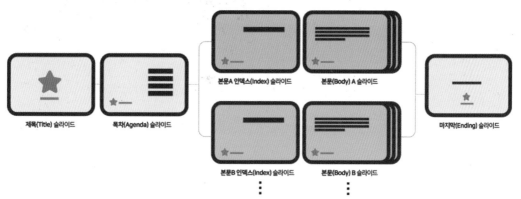

^ 모든 슬라이드에 타이틀 디자인을 규칙적으로 배치하여 통일성을 높일 수 있습니다.

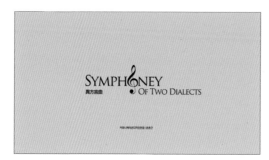

제목 슬라이드

목차 슬라이드

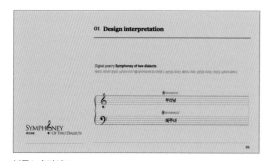

본문A 슬라이드

마지막 슬라이드

^ 제목 슬라이드에서 타이틀 디자인을 완성한 후 목차, 본문, 마지막 슬라이드의 같은 위치에 배치함으로써 전체 프레젠테이션의 통일감을 높였습니다.

춘's 컨설팅 **슬라이드 종류에 따른 적절한 타이틀 디자인**

타이틀 디자인을 제목 슬라이드가 아닌 본문 슬라이드 등에 배치할 때는 너무 크거나 강렬한 컬러를 사용하여 시선을 빼앗지 않도록 해야 합니다. 즉, 다른 슬라이드에 배치할 때는 슬라이드 종류에 따라 타이틀 디자인의 크기 및 컬러를 적당하게 조절해서 사용하는 것이 좋습니다.

LESSON
08

텍스트 디자인에 활용하기 좋은
무료 한글 서체

뭔개소문

한글 폰트는 저작권 이슈 때문에 사용이 까다로운 것 같아요! 그렇다고 기본 서체만 사용하려니 살짝 아쉬울 때가 있어요.

비범한 춘

요즘은 괜찮은 한글 서체들을 무료로 배포하는 곳이 많아요. 무료로 배포한다고 대충 만든 것이 아니라 서체마다 철학을 담고 있지요. 그러니 잘 찾아서 활용하면 유료 서체 못지않답니다.

춘's 컨설팅 상업적으로 이용할 수 있는 무료 한글 서체 찾기: 눈누(https://noonnu.cc/)

국내에 무료로 배포되는 한글 서체를 사용할 때는 해당 서체에 대한 라이선스를 잘 확인해야 합니다. 대부분 상업적인 용도로 사용하는 것을 허용하지만, 일부는 상업적 사용이 불가능한 경우가 있습니다. 따라서 법적인 문제가 발생하지 않도록 주의해야 합니다.

눈누에서는 상업적으로 이용할 수 있는 한글 서체만 쉽게 찾을 수 있습니다. 또한 서체마다 라이선스 요약표를 제공하여 한눈에 서체에 대한 허용 범위를 쉽게 인지할 수 있습니다.

라이선스 본문

나이스 초이스 서체의 지적 재산권은 이랜드 리테일에 있습니다.
개인 및 기업 사용자를 포함한 모든 사용자에게 무료로 제공되며 자유롭게 수정, 재배포가 가능합니다.

라이선스 요약표

카테고리	사용 범위	허용여부
인쇄	브로슈어, 포스터, 책, 잡지 및 출판용 인쇄물 등	O
웹사이트	웹페이지, 광고 배너, 메일, E-브로슈어 등	O
영상	영상물 자막, 영화 오프닝/엔딩 크레딧, UCC 등	O
포장지	판매용 상품의 패키지	O
임베딩	웹사이트 및 프로그램 서버 내 폰트 탑재, E-book 제작	O
BI/CI	회사명, 브랜드명, 상품명, 로고, 마크, 슬로건, 캐치프레이즈	O
OFL	폰트 파일의 수정/ 복제/ 배포 가능. 단, 폰트 파일의 유료 판매는 금지	X

※ 위 사용범위는 참고용으로, 정확한 사용범위는 이용 전 확인바랍니다.
사용범위는 서체 제작사의 규정에 따라 달라질 수 있습니다.

텍스트 위주의 디자인에서 가장 많이 사용하는 서체는 단연 '고딕' 그룹입니다. 깔끔 · 명료 · 단순한 이미지를 전달하는 고딕 그룹의 서체 중 무료로 사용할 수 있으면서 자주 사용하는 한글 서체를 소개합니다.

나눔스퀘어 2016년 네이버에서 배포한 한글 제목용 서체입니다. 반듯한 직선을 사용하여 조형적으로 아름다움이 느껴집니다. Light, Regular, Bold, Extrabold의 네 가지 굵기와 한글 2,350자, 영문 94자를 지원합니다. 모바일에서도 잘 읽히도록 글꼴의 획들이 세심하게 디자인된 것이 특징입니다.

다운로드 https://hangeul.naver.com/2017/nanum

≫ 나눔스퀘어를 사용한 슬라이드

본고딕(Source Han Sans, Noto sans CJK) 구글과 어도비가 2014년 7월 무료 배포한 한국 · 중국 · 일본 공통 오픈소스 서체로, 구글은 이 글꼴을 'Noto Sans CJK'라 부르고 어도비는 '본고딕(Source Han Sans)'이라는 명칭으로 배포하고 있습니다. 개발 비용은 구글이 전액 부담하였으며, 어도비에서 주무를 맡았습니다. 한국어 버전은 산돌커뮤니케이션, 중국어 버전은 시노 타입 테크놀로지, 일본어 버전은 이와타가 디자인에 참여하여 3년을 공들여 만들었습니다. 각 나라의 최고 서체 제작사가 참여하여 품질이 매우 우수합니다. 이 프로젝트의 성공으로 3년 뒤인 2017년 본명조 시리즈도 배포하였습니다. 본고딕은 Extra Light, Light, Regular, Normal, Medium, Bold, Heavy의 총 7가지 굵기를 지원하고 있습니다.

다운로드 https://www.google.com/get/noto

∧ 본고딕을 사용한 슬라이드

아리따 돋움 화장품 회사인 '아모레 퍼시픽'에서 무료로 배포하는 서체로, 검색 포털에서 '아리따 돋움' 또는 '아리따 글꼴'로 검색해서 다운로드할 수 있습니다. '아리따'는 중국 시경(詩經)의 '아리따운 아가씨 요조숙녀(窈窕淑女)'에서 따온 것으로 사랑스럽고 아리따운 여성이라는 의미를 담고 있다고 합니다. 아리따 서체는 2015년 레드닷 어워드, 2016년 IF디자인어워드에서 커뮤니케이션 부분 본상을 수상할 만큼 글꼴의 조형이 매우 우수한 서체입니다. 부드러운 곡선 표현으로 다른 고딕 서체와는 확실한 차이를 보이며, 본문에서 부드러운 느낌을 전달하기 위해 자주 사용합니다. thin, light, medium, semi bold, bold의 5가지 굵기를 제공합니다.

다운로드 https://www.apgroup.com/int/ko/about-us/visual-identity/arita-typeface/arita-typeface.html(단축 URL: https://bit.ly/apgroup_font)

∧ 아리따 돋움을 사용한 슬라이드

지마켓 산스 2020년 온라인 쇼핑몰 지마켓에서 배포한 무료 한글 서체입니다. 다양하고 직관적인 쇼핑 경험의 철학을 서체에 담아냈고, 사각형 틀에 가득 채운 기하학적 형태가 특징입니다. 서체의 특성이 강력하여 제목이나 부제목을 입력할 때 적합하며, 18pt 이하의 본문에 사용하기에는 가독성이 많이 떨어질 수 있습니다. Light, Medium, Bold의 세 가지 굵기로 제공됩니다.

다운로드 http://company.gmarket.co.kr/company/about/company/company--font.asp(단축 URL: https://bit.ly/gmarket_font)

⌄ 지마켓 산스를 사용한 슬라이드

 ## 명조 그룹 무료 추천 한글 서체 ▼

프레젠테이션 디자인에서 명조 그룹 서체는 고딕 그룹에 비해 사용성이 떨어지지만, 명조 그룹의 특성을 잘 파악해서 적재적소에 활용하면 효과적입니다.

마루 부리 명조체에는 인간적이고 따뜻한 감성이 담겨 있어 신문이나 잡지, 교과서 등의 인쇄 매체에 주로 사용되지만, 렌더링 기술의 한계로 디지털 화면에서는 사용성이 떨어집니다. 이에 네이버에서는 완성도 높은 화면용 명조 서체가 필요하다는 취지로 2018년부터 '마루' 프로젝트를 진행해왔습니다. '마루'는 한글 글꼴의 현대적 원형을 잇는 줄기라는 의미이며, 명조체의 삐침 부분이 새의 부리를 닮은 것에 착안해 '마루 부리'라는 순우리말로 글꼴 이름을 지었습니다. 마루 부리 글꼴은 새로운 디지털 환경에 맞추어 젊고 당당하며 밝은 글꼴을 추구합니다. 굵기 대비가 적고 단순한 구조로 글꼴 공간을 효율적으로 구성해 균형미를 갖춘 것이 특징입니다. Regular 버전으로 시험판 사용이 가능하며 점차 다양한 서체가 배포될 예정입니다.

글꼴 비하인드 스토리 https://hangeul.naver.com/2016/main

다운로드 https://hangeul.naver.com/2017/nanum

⌄ 마루 부리를 사용한 슬라이드

본명조(Source Han Serif, Noto Serif CJK) 본고딕의 무료 배포 후 약 3년 뒤인 2017년 4월 배포된 서체로 한국어, 중국어(번체와 간체), 일본어를 지원하는 한·중·일 공통 오픈소스 글꼴입니다. 본고딕과 마찬가지로 Extra Light, Light, Regular, Normal, Medium, Bold, Heavy의 7가지 굵기를 지원합니다.

다운로드 https://www.google.com/get/noto/#serif-kore

⌃ 본명조를 사용한 슬라이드

아리따 부리 아모레퍼시픽에서 배포한 무료 한글 서체로 고딕체는 '아리따 돋움', 명조체는 '아리따 부리'라는 이름으로 배포하고 있습니다. 긴 문장에 적합한 본문용 글꼴이며, 현대적인 여성의 단아하고 지적인 멋스러움을 담고 있습니다. 국내 최초로 머리카락같이 가는 헤어라인 서체를 개발하였으며, Hairline, Light, Medium, Semi bold, bold의 5가지 굵기로 구성되어 있습니다.

다운로드 https://www.apgroup.com/int/ko/about-us/visual-identity/arita-typeface/arita-typeface.html(단축 URL: https://bit.ly/apgroup_font)

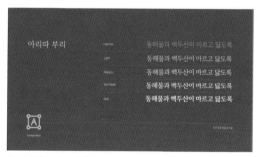

⌃ 아리따 부리를 사용한 슬라이드

캘리그래피 그룹 무료 추천 한글 서체 ▼

대부분의 캘리그래피 그룹 서체들은 가독성이 떨어지므로 본문용보다는 키워드 위주로 사용됩니다. 또한 콘셉트를 부각하거나 주목을 끌기 위한 목적으로 사용됩니다.

배달의민족 서체들 배달의민족 앱으로 유명한 우아한형제들에서는 2012년부터 한글날에 맞추어 다양한 무료 한글 서체를 배포하고 있습니다. 주로 제목용, 키워드용으로 적합한 서체들이 많고, 일부 본문용으로 사용할 수 있도록 리디자인한 서체들도 있습니다. 배달의민족 서체를 잘 활용하면 트렌디하게 디자인할 수 있습니다.

다운로드 https://www.woowahan.com/fonts

⌃ 배달의민족에서 제공하는 다양한 캘리그래피 서체 그룹

나눔손글씨 글꼴 네이버에서는 2009년에 나눔손글씨를 처음 선보였습니다. 그리고 10년 만인 2019년에 한글날을 기념하여 AI 기술을 도입한 새로운 나눔손글씨 서체를 선보였습니다. 일반인들이 참여하여 무려 109종의 손글씨가 공개되었고, 누구나 무료로 사용할 수 있습니다.

다운로드 https://clova.ai/handwriting/list.html

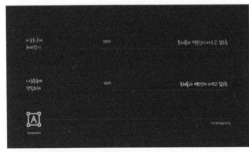 

⌃ 네이버에서 제공하는 나눔손글씨

다운로드한 서체를 사용할 때는 현재 사용 중인 운영체제에 따라 차이가 있습니다. 즉, 키노트 사용자는 macOS 서체 설치 방법을 참고하고, 파워포인트 사용자는 Windows 서체 설치 방법을 참고하여 설치합니다. 설치한 후 프로그램을 다시 실행하면 해당 서체를 선택해서 사용할 수 있습니다.

• **macOS**: 사용할 서체를 다운로드한 후에 [Finder]에서 다운로드한 경로로 이동합니다. 압축 파일이면 압축을 풀고, 서체 파일을 더블 클릭하거나 [마우스 우클릭] 후 [다음으로 열기] – [서체관리자(기본)]를 선택합니다.

이후 설치 과정을 진행하고, [Finder 〉 응용프로그램] 폴더에서 [서체 관리자]를 실행한 후 [사용자] 탭을 클릭해서 설치한 서체를 확인할 수 있습니다.

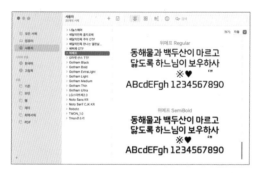

• **Windows**: 다운로드한 서체 파일을 더블 클릭한 후 [설치] 버튼을 클릭하여 설치를 진행합니다. 이후 [C:₩Windows₩Fonts] 폴더에서 설치한 서체를 확인할 수 있습니다.

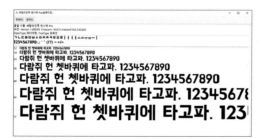

춘's 컨설팅 TTF와 OTF?

서체 파일을 다운로드하려고 하면 TTF(True Type Font) 또는 OTF(Open Type Font)를 선택해야 할 때가 있습니다. 흔히 'Windows는 TTF, macOS는 OTF!'라는 이야기가 있지만, 잘못된 정보입니다. 심지어 TTF 방식은 1980년대 말 Apple에서 개발했고, OTF는 MS와 Adobe에서 개발하였습니다.

TTF는 OTF보다 가벼워서 더 빠르게 서체를 처리합니다. 따라서 파워포인트나 워드프로세서에서 주로 사용합니다. 출력 해상도도 나쁘지 않아 인쇄할 때도 큰 무리가 없습니다. OTF는 TTF보다 더 복잡한 수학적 구조로 되어 있어, 표현 속도가 TTF보다 느립니다. 반면에 TTF보다 더 선명한 표현이 가능하므로 고해상도 출력물(인쇄)을 위한 디자인에 매우 적합합니다. 즉, TTF와 OTF는 운영체제에 따라 선택하는 것이 아니라 '용도'에 따라 선택합니다. 프레젠테이션 디자인을 위한 용도라면 TTF로 충분합니다.

 프레젠테이션 디자인 체크 리스트

☑ **슬라이드에서 텍스트를 효과적으로 잘 보이게 하는 방법을 파악하였나요?**

텍스트를 효과적으로 잘 보이게 하는 방법은 최대한 비우고 가독성을 고려해서 입력하는 것입니다. 가독성을 고려한 텍스트 입력 방법을 제대로 알고 사용한다면 짧은 시간에 프레젠테이션의 핵심을 보여줄 수 있고, 심미적으로 우수한 디자인을 완성할 수 있습니다.

☑ **프레젠테이션 디자인에 사용할 수 있는 세 가지 그룹 서체에 대해 이해하였나요?**

우리가 가지고 있는 서체들의 외관상 특징을 잘 살펴보면 몇 가지 공통된 특징이 발견됩니다. 그에 따라 세 그룹으로 나눌 수 있습니다. 첫 번째 그룹은 끝이 뾰족하게 부리처럼 나온 모습을 한 명조(Serif) 그룹, 두 번째 그룹은 꺾인 부리 모양 없이 시원스럽게 일자로 뻗은 모습을 한 고딕(San Serif) 그룹, 마지막 그룹은 아기자기한 손글씨 느낌과 장식적 요소가 가미된 캘리그래피 그룹입니다.

☑ **완성도를 높일 수 있는 텍스트 디자인의 절대 규칙 네 가지에 대해 이해하였나요?**

프레젠테이션 디자인에서 텍스트를 사용할 때 다음 네 가지 규칙을 잘 지키면 정돈되어 보이고 완성도가 높아 보입니다. 첫 번째는 너무 많은 서체를 쓰지 않을 것, 두 번째는 본문 길이에 따라 보기 편한 굵기의 서체를 사용할 것, 세 번째는 영문은 영문 전용 서체를 사용할 것, 네 번째는 서체를 있는 그대로 사용할 것입니다.

☑ **텍스트의 크기는 적당히 설정하였나요?**

슬라이드에 배치되는 콘텐츠 양에 따라 적정 크기는 상이할 수 있습니다. 우선순위에 따라 서체 크기에 차등을 줄 수 있고, 슬라이드 종류마다 어울리는 텍스트 크기를 잘 파악하여 적용하는 것이 좋습니다.

☑ **텍스트에 포인트를 주어 강조하는 방법에 대해 이해하였나요?**

슬라이드에 입력한 텍스트가 밋밋하거나 힘이 없어 보인다면 특정 키워드를 굵게 하거나 고딕과 명조를 혼용하는 등의 방법으로 강약을 표현해봅니다.

☑ **텍스트의 자간, 행간, 단락 맞추기를 잘 준수하였나요?**

청중이 텍스트를 어색해하거나 의심하지 않고 자연스럽게 읽을 수 있도록 자간 및 행간, 단락 맞추기 옵션을 잘 준수해야 합니다.

☑ **타이포그래피를 활용한 타이틀 디자인으로 개성을 살렸나요?**

타이틀 디자인은 슬라이드의 첫인상을 좌우할 만큼 중요합니다. 타이틀 디자인을 하면 전체 프레젠테이션 디자인의 방향성이 명확해지며, 프레젠테이션의 인상이 좋아집니다.

MEMO

이미지에도
히어로(Hero)가 있다

슬라이드 위 이미지의 레이아웃 방법

빨간망돈
차차

프레젠테이션 시간은 짧고, 하고 싶은 말은 많고, 그렇다 보니 슬라이드가 텍스트로 가득 차게 되네요.

비범한 춘

슬라이드에 텍스트가 너무 많으면 청중에게 좋은 인상을 남기기 어려워요! 최소한의 텍스트와 이미지로 그 의미를 전달해보면 어떨까요? '백 마디 글보다 이미지 한 장의 감성'으로 접근해보길 추천드립니다.

백 마디 글보다 이미지 한 장의 감성 ▼

프레젠테이션할 때는 제한된 시간에 준비한 정보를 모두 전달해야 합니다. 게다가 청중이 프레젠테이션 시간 내내 집중하기 어려우므로 깊은 여운을 남겨서 프레젠테이션 주제에 대해 공감을 이끌어내는 것이 중요합니다. 그렇다면 어떻게 해야 제한된 짧은 시간에 청중의 공감을 이끌어낼 수 있을까요? 대표적인 방법이 적절한 이미지 사용입니다. 아래 두 가지 슬라이드를 살펴보세요.

⌃ 텍스트로만 구성된 슬라이드

⌃ 이미지를 활용한 슬라이드

왼쪽 슬라이드는 텍스트로만 작성하였으며, 미미하지만 텍스트 크기의 대비도 활용하였습니다. 하지만 텍스트 양이 너무 많아 흡사 보고서를 그대로 옮긴 듯한 답답한 인상을 줍니다. 반면 오른쪽 슬라이드는 꼭 필요한 키워드만 남기고 모두 이미지로 대체하였습니다. 텍스트보다 훨씬 더 쉽게 내용을 예측할 수 있으며, 청중의 집중을 이끌어내는 데도 부족함이 없습니다. 이처럼 이미지는 상대적으로 더 쉽고 감성적으로 정보를 전달할 수 있다는 특징이 있습니다. 텍스트를 사용해 상황을 구구절절 설명하는 것보다 이미지 한 장을 보여주었을 때 청중은 주제에 대해 관심을 가지게 되고, 결과적으로 프레젠테이션의 이해도도 높아질 것입니다. 이것이 바로 '이미지의 힘'입니다. 기술의 발전으로 프로젝트 화면의 화질이 좋아지고 있으므로, 청중도 시각적인 요소를 기대하는 심리가 더 높아지고 있습니다.

같은 이미지라도 배치 방법에 따라 슬라이드의 인상이 달라진다 ▼

같은 이미지를 사용하더라도 슬라이드에 어떻게 배치하느냐에 따라 슬라이드의 느낌이나 완성도가 달라집니다. 사진 이미지 3장을 배치한다고 가정할 때 배치 방법에 따른 느낌을 확인해보겠습니다.

사각형 원본 그대로 배치 사각형 사진 이미지를 그대로 배치하는 방법은 가장 간편하고 일반적입니다. 사각형 슬라이드에 사각형 이미지를 배치함으로써 안정적인 레이아웃을 완성할 수 있으며, 이미지에 담긴 의미가 동일하다면 크기도 동일하게 변경해서 배치하는 것이 좋습니다.

⌃ 사각형 이미지 그대로 배치한 슬라이드

원형 이미지로 배치 사각형 이미지에 원형의 마스크를 씌워 배치하는 방법입니다. 사각형 슬라이드와 대비되는 원형의 모양을 배치하여, 청중의 시선을 사로잡을 수 있습니다.

⌃ 사각형 이미지를 원형으로 잘라 배치한 슬라이드

슬라이드를 가득 채운 이미지 배치(트리밍 기법) 이미지를 슬라이드에 가득 채워 배치하는 방법입니다. 여백 없이 이미지로 채웠기 때문에 슬라이드가 더 넓어 보이는 느낌을 연출할 수 있습니다. 이처럼 이미지를 지면 가득 채우는 방법을 트리밍 기법이라고 합니다.

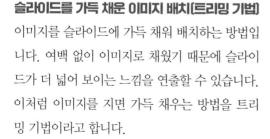

⌃ 이미지로 가득 채운 슬라이드

배경을 제거한 이미지 배치 이미지에서 주요 대상만 남기고 배경을 제거하면 핵심 메시지가 더욱 또렷해지며, 디자인의 자유도도 훨씬 높아집니다. 오른쪽과 같이 배경이 투명한 이미지를 다소 작은 영역에 배치하여 입체적인 느낌으로 디자인할 수도 있습니다. **Link** 이미지 배경을 투명하게 만드는 방법은 **173쪽** 에서 자세하게 다룹니다.

∧ 배경을 지우고 주요 대상만 배치한 슬라이드

 춘's 컨설팅 안정감 & 균형감 있게 이미지 배치하기

슬라이드에 여러 이미지를 배치할 때는 무엇보다 균형감에 초점을 맞추어 레이아웃하는 것이 중요합니다. **Link** 레이아웃과 관련한 자세한 설명은 **047쪽** 을 참고하세요.

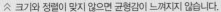

∧ 크기와 정렬이 맞지 않으면 균형감이 느껴지지 않습니다.

이미지는 크게 가로형과 세로형으로 분류할 수 있습니다. 일반적으로 한 장의 슬라이드를 가득 채우려면 가로형 이미지가 필요하지만, 세로형 이미지를 사용할 수도 있습니다. 또한 사용하는 이미지 형태(가로 vs. 세로)에 따라 슬라이드의 전체적인 느낌이 바뀔 수 있으니 적절한 레이아웃을 선택해야 합니다.

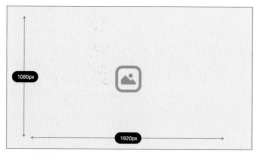

1×1 가로형 이미지

1×1 세로형 이미지

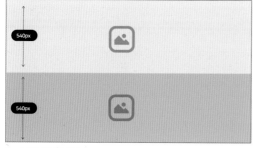

2×1 가로형 이미지

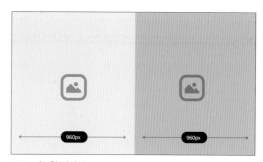

1×2 세로형 이미지

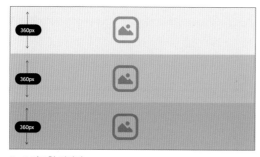

3×1 가로형 이미지

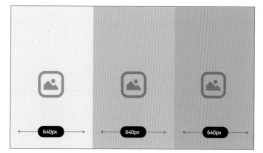

1×3 세로형 이미지

⌄ 한 장의 슬라이드에 다양한 형태로 배치한 이미지 레이아웃

한 장의 이미지 배치 가로형 이미지 한 장은 슬라이드 한 장에 꽉 채워져 드라마틱한 분위기를 연출할 수 있습니다. 반면, 세로형 이미지 한 장이라면 왼쪽이나 오른쪽 혹은 좌우 모두에 여백을 남길 수밖에 없습니다. 최적의 위치에 이미지를 배치하고, 남은 여백을 텍스트 공간으로 활용할 수 있습니다.

⌃ 한 장의 가로형 이미지

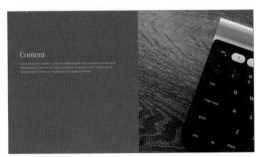

⌃ 한 장의 세로형 이미지

두 장의 이미지 배치 두 장의 이미지는 극적으로 대비되는 상황에 사용하면 효과적입니다. 이미지를 가로로 혹은 세로로 길게 잘라서 슬라이드를 가득 채울 수 있습니다.

⌃ 두 장의 가로형 이미지

⌃ 두 장의 세로형 이미지

세 장의 이미지 배치 세 장으로 배치되는 이미지는 주제나 이야기의 순서를 효과적으로 전달할 때 용이합니다.

⌃ 세 장의 가로형 이미지

⌃ 세 장의 세로형 이미지

프레젠테이션 디자인을 위한 히어로 이미지 판단하기 ▼

구글에서 '꽃'을 검색하여 다음과 같이 두 가지 이미지를 다운로드했습니다. 여러분은 어떤 이미지가 좀 더 멋지게 보이나요?

사람마다 선택 기준이 다를 수 있습니다만, 오른쪽 이미지가 왼쪽 이미지보다 괜찮다고 이야기하는 사람이 조금 더 많을 것입니다. 그 이유를 속 시원하게 이야기하기는 어렵지만, 아마도 오른쪽 사진에서 느껴지는 '특유의 감성' 때문일 겁니다. 이렇게 사진 한 장에서 감성의 아우라가 느껴지는 것을 웹(Web) 트렌드 중 하나인 '히어로 이미지(Hero Image)'라고 부릅니다. 웹사이트를 만들 때 이런 감성적 이미지를 메인 페이지에 아주 크고 멋지게 전진 배치하면 방문하는 사람들에게 큰 인상을 남깁니다. 이 같은 '히어로 이미지'를 굳이 정의하자면 '쿨해 보이고, 있어 보이며, 모든 것을 다 커버할 수 있을 것 같은 감성적인 이미지 한 장' 정도로 표현할 수 있겠네요.

프레젠테이션 디자인에서도 마찬가지입니다. 히어로 이미지를 잘 활용한다면 더 감성적인 디자인을 완성할 수 있습니다.

∧ 슬라이드에 사용한 히어로 이미지

히어로 이미지의 조건

그렇다면 프레젠테이션 디자인에서 어떤 이미지가 히어로 이미지가 될 수 있을까요?

주제와 연관성 있는 이미지 너무나도 당연한 이야기지만, 히어로 이미지의 기본은 주제와의 연관성입니다. 아무리 좋아 보이는 이미지라도 주제와 연관성이 없다면 주제에 대한 이해도를 떨어뜨릴 수 있어, 프레젠테이션의 기본 목적을 달성하는 데 방해가 되니 주의해야 합니다.

⌃ '도시화'라는 주제에 맞게 도시 전경이 보이는 이미지가 히어로 이미지가 될 수 있습니다.

자연스러운 이미지 인물 이미지를 사용한다면 특히나 자연스러움에 신경 써야 합니다. 연출한 느낌의 이미지를 사용하면 청중은 부자연스러운 인물 자체에 집중하게 되어, 주제를 파악하는 데 혼선을 줄 수 있으며, 진정성 또한 느끼기 어렵습니다.

⌃ 부자연스러운 인물 사진은 주제에서 벗어난 방향으로 청중의 관심을 집중시킬 수 있습니다.

좋은 화질의 이미지 히어로 이미지는 '고해상도' 이미지만 사용해야 합니다. 해상도가 낮아 선명하지 않은 이미지를 사용하면 프레젠테이션에 대한 인상이 나빠질 수 있습니다. 그러므로 슬라이드를 가득 채우는 데 쓸 이미지라면 16:9 슬라이드를 기준으로 1920px 이상이어야 하며, 최소한 1700px 이상은 되어야 합니다.

︿ 이미지 해상도가 낮으면 전체적인 신뢰도가 떨어질 수 있습니다.

채도가 지나치게 높지 않은 이미지 피사체나 배경에서 원색으로 쨍한 느낌이 강한 이미지는 피하는 게 좋습니다. 기존에 사용 중인 다른 컬러 혹은 디자인 콘셉트와 충돌하여 지나치게 시선을 빼앗길 수 있습니다.

여백이 많은 이미지 이미지에서 여백이 많이 느껴질수록 좋습니다. 여백이 많을수록 피사체가 도드라져 보이고, 시선이 집중됩니다. 또한 여백을 활용하면 텍스트 배치도 비교적 수월합니다.

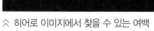
︿ 히어로 이미지에서 찾을 수 있는 여백

⌃ 여백에 텍스트를 배치하여 이미지와 텍스트에 대한 시인성이 모두 좋습니다.

춘's 컨설팅 고해상도 무료 이미지 구하기

대부분 구글이나 네이버와 같은 포털 사이트에서 이미지를 검색해서 사용할 겁니다. 하지만 그런 이미지는 품질이나 저작권 문제가 발생할 수 있습니다. 그러므로 여건이 허락한다면 직접 촬영해서 사용하고, 그렇지 않다면 다음과 같은 웹사이트를 이용해보세요. 개인용으로 이용할 수 있을 뿐만 아니라 상업 용도로도 사용할 수 있는 다양한 고품질 이미지를 제공합니다.

- **Unsplash**(https://unsplash.com): 히어로 이미지의 조건을 갖춘 이미지들을 가장 손쉽게 찾을 수 있는 이미지 사이트입니다. 대부분 상업적 용도로도 사용할 수 있으며, 분류에 따라 모아 보거나 키워드 검색으로 원하는 이미지를 찾을 수 있습니다.

- **Pexels**(https://www.pexels.com/): 저작권 걱정 없이 무료로 사용할 수 있습니다. 이미지뿐만 아니라 고해상도 동영상도 다운로드할 수 있습니다.

- **Artvee**(https://artvee.com/): '클래식 아트를 발견하라'라는 콘셉트로 전 세계에서 저작권이 만료된 일러스트, 책 커버, 명화들을 모아놓은 사이트입니다. 100년 전에 그려진 일러스트 및 광고용 포스터 디자인 등 총 1만 2천 점 이상을 다운로드할 수 있습니다.

이외에도 아래 주소의 포스트에 무료 이미지 사이트를 지속적으로 업데이트하고 있으니 참고하세요.
https://brunch.co.kr/@forchoon/485

 ## 한 장의 이미지를 슬라이드 배경으로 활용하는 방법 ▼

프레젠테이션 주제를 잘 표현하는 한 장의 이미지가 있다면 슬라이드 배경으로 활용할 수 있습니다. 이때 슬라이드 위에는 이미지 정보뿐만 아니라 텍스트 정보도 함께 레이아웃해야 하므로, 텍스트 영역을 고려해서 이미지를 배치해야 합니다.

전체 슬라이드를 가득 채운 이미지 함께 배치하는 텍스트 정보보다 이미지를 강조하고 싶을 때 이미지로 슬라이드를 가득 채우는 레이아웃을 사용합니다. 이미지에 따라 웅장한 느낌과 드라마틱한 연출이 가능하며, 상대적으로 텍스트 영역이 줄어들기 때문에 텍스트 정보가 많지 않을 때 효과적입니다.

⌃ 텍스트 정보가 적은 제목 슬라이드에서 효과적입니다.

슬라이드의 일부를 채운 이미지 이미지 정보와 텍스트 정보를 유사한 위상으로 레이아웃해야 할 때 슬라이드의 일부를 이미지로 채워 활용합니다.

⌃ 본문 슬라이드에서 텍스트가 적어 일부를 이미지로 채워 완성했습니다.

많은 양의 이미지를 배치하는 방법 ▼

한두 장이 아닌 서로 다른 크기의 이미지 수십 장을 배치해야 한다면 다음과 같이 두 가지 방법을 떠올려볼 수 있습니다.

1행의 높이에 맞춘 레이아웃 1행의 첫 번째에 배치되는 이미지 높이를 기준으로 이미지를 배치하는 방법입니다. 전체 이미지의 높이가 같고, 원본 이미지의 가로/세로 비율을 그대로 유지할 수 있으나, 상대적으로 가로형 이미지는 크게, 세로형 이미지는 작게 보일 수 있습니다.

⌃ 주제에 맞는 여러 장의 이미지를 배치하여 스토리가 느껴집니다.

정사각형 레이아웃 정사각형 레이아웃은 인스타그램이나 스마트폰의 앨범에서 흔히 볼 수 있는 레이아웃으로, 슬라이드에서 그리드에 맞추어 이미지 크기를 모두 균일하게 정사각형으로 만들어서 배치하는 방법입니다. 이미지의 가로/세로 비율이 고정되고 깔끔한 느낌을 전달할 수 있지만, 사용하는 이미지를 모두 1:1 비율로 잘라서 사용해야 하는 번거로움이 있습니다. Link 이미지 비율을 조절하는 방법은 157쪽 에서 자세히 다룹니다.

⌃ 이미지 사이즈를 맞추되 공통된 주제의 크기(얼굴의 크기)가 제각각이면 시선의 흐름이 매끄럽지 않습니다.

 춘's 컨설팅 이미지의 가로/세로 비율은 절대 왜곡하지 않는다

슬라이드에 이미지를 배치할 때 반드시 지켜야 할 규칙이 한 가지 있습니다. 이미지의 가로/세로 비율을 임의로 변경해서 사용하지 않아야 한다는 것입니다. 앞서 정사각형 레이아웃을 완성하려면 이미지의 가로와 세로 비율을 1:1로 조절해야

했습니다. '가로/세로 비율을 왜곡하지 말라면서 어떻게 정사각형을 만들지?'라고 생각할 겁니다. 여기서 왜곡은 강제로 늘리거나 좁히지 말라는 의미입니다. 즉, 정사각형 이미지를 만들 때는 늘리거나 좁히는 것이 아니라, 1:1 비율이 되도록 불필요한 부분을 잘라내는 방식으로 사용하는 것입니다. 만약, 이미지의 기본 비율을 변경하면 본래의 이미지 정보를 잃게 되어 좋지 않은 인상을 남길 수 있습니다.

 이미지의 비율을 임의로 변경하면 디자인의 완성도가 떨어집니다.

키노트 & 파워포인트 | 이미지 사이즈 세밀하게 조정하기

• **키노트:** 이미지를 선택하고 [포맷] 패널의 [정렬] 탭에서 [크기] 옵션을 조절합니다. 이때 [비율 유지] 옵션을 항상 체크하여 원본의 가로/세로 비율이 유지되도록 해야 합니다.

• **파워포인트:** [그림 서식] 탭 – [크기] 그룹에서 [높이]와 [너비]의 옵션 값을 조절하거나, 이미지에서 [마우스 우클릭] 후 [그림 서식]을 선택해서 [그림 서식] 패널을 열고 [크기 및 속성] 탭에서 [크기] 항목에 있는 [높이]와 [너비] 옵션 값을 조절합니다. 마찬가지로 [가로 세로 비율 고정]과 [원래 크기에 비례하여]에 체크하여 가로/세로 비율이 왜곡되지 않도록 주의합니다.

LESSON
02 | 이미지와 텍스트의 꿀 조합을 위한 방법들

추적60인분

제가 고른 이미지들은 대체 왜 텍스트와 조합하기 어려울까요?

비범한 춘

정보의 양이 너무 많은 이미지를 선택한 것 같아요! 이미지에서 보여주는 정보의 양이 많으면 텍스트와 조합하기 힘들 수 있어요! 하지만 낙담하지 마세요. 복잡한 이미지에서도 텍스트를 잘 읽히게 하는 방법이 있어요!

 이미지가 심플하거나 복잡해 보이는 이유 ▼

하나의 이미지에는 꼭 한 가지가 아닌 여러 정보가 담겨 있을 수 있습니다. 이런 정보는 피사체, 컬러, 이미지에 함축된 의미 등을 모두 포함합니다. 그러므로 슬라이드에 배치하려는 이미지에 담긴 '정보의 양'에 따라 심플해 보이는 이미지가 될 수도 있고, 복잡해 보이는 이미지가 될 수도 있습니다.

⌃ 정보의 양이 적은 이미지

⌃ 정보의 양이 많은 이미지

위 사례에서 왼쪽 이미지는 상대적으로 사용된 컬러가 적고 활용할 수 있는 여백이 많아 단조로워 보입니다. 또한 표현하려는 주제가 '파도' 한 가지에 집중되어 '정보의 양이 적은 이미지'에 해당합니다. 반면 오른쪽 이미지는 다채로운 컬러와 피사체로 여백 없이 빼곡한 느낌이 들어 '정보의 양이 많은 이미지'에 해당합니다.

슬라이드를 디자인하는 입장이라면 당연히 정보의 양이 적은 이미지를 선택하고 텍스트와 조합하는 것이 가장 편리할 겁니다. 하지만 오른쪽과 같은 이미지를 사용해야 할 때도 있습니다.

∧ 정보의 양이 적은 이미지를 활용한 슬라이드

∧ 정보의 양이 많은 이미지를 활용한 슬라이드

청중은 이미지를 먼저 보고, 이미지의 연장선에서 자연스럽게 텍스트를 읽습니다. 그러므로 이미지 와 텍스트는 조화를 이루어야 하며, 이미지에서 텍스트 혹은 텍스트에서 이미지로 시선의 흐름을 자연스럽게 유도해야 합니다. 이런 점에 주의하면서 정보의 양이 적은 이미지와 많은 이미지에 텍스트를 어떻게 조합해야 효과적인지 구체적으로 살펴보겠습니다.

 ## 정보의 양이 적은 이미지에서 텍스트 활용하기 ▼

정보의 양이 적은 이미지는 피사체가 확실하고 여백이 많아 텍스트를 배치하기가 매우 용이합니다.

여백에 배치하기 핵심 피사체를 최대한 가리지 않도록 위나 아래의 여백을 활용합니다. 텍스트를 작은 사이즈로 배치할수록 이미지를 강조할 수 있습니다.

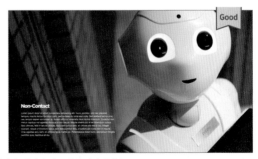

∧ NG 사례는 여백이 충분한데도 핵심 피사체와 겹치고, 거기에 컬러까지 겹쳐서 가독성이 떨어집니다.

≫ 자연과 관련된 주제의 이미지라면 상대적으로 여백이 많은 하늘, 물, 땅 등에 텍스트를 배치합니다.

≫ 유사한 컬러가 뭉쳐 있거나 블러 처리가 된 곳 등은 텍스트를 배치하기 좋은 위치입니다.

텍스트 사이즈 대비 활용하기 정보의 양이 적은 이미지에서 텍스트를 강조하려면 핵심 메시지를 중심에 배치하고, 핵심 메시지와 본문 메시지의 대비를 극대화하는 게 좋습니다.

≫ 정보의 양이 적은 이미지에서 텍스트를 부각하고, 텍스트 내에서 대비를 활용했습니다. 가독성도 좋고, 핵심 메시지를 명확하게 전달합니다.

가장 어둡거나 밝은 곳 찾기 가장 어두운 곳에 텍스트를 배치할 때는 밝은 색 텍스트로, 가장 밝은 곳에 텍스트를 배치할 때는 어두운 텍스트로 입력하여 가독성을 높이도록 합니다.

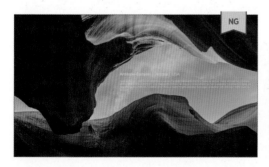

정보의 양이 많은 이미지에서 텍스트 활용하기 ▼

정보의 양이 많은 이미지일수록 텍스트를 배치할 여백을 찾기가 상대적으로 어렵습니다. 그러므로 여백으로 사용할 수 있는 공간을 임의로 만들어주는 것이 핵심입니다.

이미지 위치 조정하기 이미지에서 상하좌우에 여백이 생길 수 있도록, 배치한 위치를 조절합니다. 슬라이드에 배치한 원본 이미지에 여백이 있다면 여백이 보이도록 조절하면 간단하지만, 그렇지 않다면 포토샵 등의 기능을 활용해 이미지 합성을 시도해볼 수도 있습니다. 하지만 시간과 노력이 상당히 들어가므로 추천하지는 않습니다.

⌃ Good 슬라이드에서는 이미지 위치를 조절하여 위쪽에 여백을 만들었습니다.

도형 활용하기 정보의 양이 많은 이미지 위에 도형을 배치하여 강제로 텍스트 영역을 만들면 텍스트로 시선을 집중시킬 수 있습니다. 이때 도형의 투명도를 조절함으로써 강조 정도를 조절할 수 있습니다.

⌃ 텍스트 영역으로 사용한 도형의 컬러, 투명도에 따라 다른 느낌을 연출할 수 있습니다.

그라디언트 활용하기 단색 도형으로 텍스트 영역을 만들면 지나치게 분리된 느낌이 들 수 있습니다. 그럴 때는 배경색과 자연스럽게 어울리는 그라디언트를 적용해서 텍스트 영역을 만들 수 있습니다.

△ 분절된 느낌을 줄이기 위해 그라디언트를 사용하여 이미지와 텍스트 영역을 자연스럽게 연결했습니다.

 키노트 & 파워포인트 | **그라디언트 도형 삽입 방법** ▼

• **키노트:** 상단 도구바에서 [도형]을 클릭한 후 [사각형]을 선택하여 원하는 사이즈로 배치하고 텍스트를 입력합
니다. 이어서 배치한 도형을 선택한 후 [포맷] 패널의 [스타일] 탭에서 [채우기] 옵션을 [고급 그라디언트 채우
기]로 변경합니다. 이어서 이미지 배경에 맞춰 그라디언트 컬러와 불투명도를 각각 조절합니다.

• **파워포인트:** [삽입] 탭 – [일러스트레이션] 그룹에서 [도형] – [직사각형]을 선택하여 배치한 후 텍스트를 입력
합니다. 직사각형에서 [마우스 우클릭] 후 [도형 서식]을 선택하여 [도형 서식] 패널이 열리면 [채우기] 옵션에서
[그라데이션 채우기]를 선택합니다. 그라데이션 관련 세부 옵션이 나타나면 [그라데이션 중지점], [색], [투명도]
옵션 등을 조절하여 완성합니다.

2% 아쉬운 이미지를 채워줄 잘라내기 기술

아기공룡
돌레길

슬라이드에 삽입하려는 이미지 찾기가 생각보다 쉽지 않네요! 비슷한 이미지를 찾긴 했는데, 불필요한 장면까지 포함되어 있어서 걱정이에요.

비범한 츈

카메라를 들고 직접 촬영하지 않는 이상 100% 마음에 드는 이미지를 찾기는 어려워요. 그러니 일단 비슷한 이미지를 찾아서 필요한 부분만 잘라 활용하면 됩니다.

이미지를 잘라내는 세 가지 방법 ▼

머릿속으로 상상한 내용과 완벽하게 일치하는 이미지를 찾기란 거의 불가능에 가깝습니다. 따라서 반드시 있어야 하는 물체(또는 인물)로 검색 범위를 한정하여 이미지를 찾은 후, 원하는 이미지 정보만 남기고 나머지는 '잘라내기'하면서 상상했던 이미지와 비슷한 느낌으로 가공할 수 있어야 합니다. 이미지 잘라내기는 크롭(Crop), 마스크(Mask), 트리밍(Trimming)의 세 가지로 분류해볼 수 있습니다.

⌃ 원본 이미지

⌃ 크롭

⌃ 마스크

⌃ 트리밍

종이 자르듯 상하좌우를 자르는 크롭

이미지를 잘라내는 가장 기본적인 방법이 크롭(Crop)입니다. 이미지의 네 면을 세밀하게 잘라내서 강조하고 싶은 물체(또는 인물)만 남길 수 있습니다. 또 삽입하려는 이미지의 비율이 생각했던 것과 다를 때 크롭 방식으로 비율을 조정할 수도 있습니다. 크롭을 실행하기 전, 이미지에서 강조하려는 대상체와 이미지의 위치를 선정하는 것이 중요합니다.

키노트 & 파워포인트 | 크롭 사용하기 ▼

- **키노트:** 이미지를 배치한 후 더블 클릭하면 아래쪽으로 이미지 도구 바가 나타납니다. 두 번째 [Crop] 아이콘이 활성화되어 있는지 확인하고, 이미지에 표시되는 검은색 조절점을 드래그하여 잘라낼 영역과 남길 영역을 구분합니다. [완료] 버튼을 클릭하거나 Enter 를 눌러 완료합니다.

잘라낼 영역이 어둡게 표현됩니다.

- **파워포인트:** 삽입한 이미지를 더블 클릭한 후 [그림 서식] 탭 – [크기] 그룹에서 [자르기]를 클릭합니다. 이미지 주변으로 바 모양의 조절점이 나타나면 드래그해서 크롭 영역을 구분합니다.

원하는 부분을 원하는 모양으로 남기는 마스크

얼굴에 사용하는 마스크처럼 이미지에서 원하는 부분을 원하는 모양으로 잘라내는 방법을 마스크
(Mask)라고 합니다. 크롭이 원하는 부분을 빼고 상하좌우를 잘라내는 방식이었다면, 마스크는 원하
는 부분에 원하는 모양을 겹쳐서 남기는 방식입니다.

︽ 원형 도형을 마스크로 사용하여 원형으로 잘라냈습니다.

마스크 방식을 활용하면 오른쪽과 같이 모서리가
둥근 사각형, 원형, 별 모양 등 다양한 형태로 배
치할 수 있습니다.

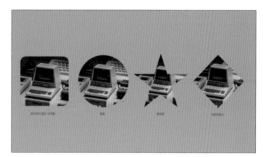

︽ 다양한 마스크 모양

키노트 & 파워포인트 │ 이미지에 마스크 적용하기 ▼

• **키노트**: 이미지를 선택한 후 상단 메뉴 바에서 [포맷] – [이미지] – [도형으로 마스크]를 선택하면 하위 메뉴에
서 원하는 모양을 선택할 수 있습니다. 원하는 모양을 선택하면 이미지에 크롭과 조절점이 생깁니다. 이 조절점
을 이용해 마스크로 표현할 영역을 지정하고 Enter 를 누릅니다. 이때 Shift 를 누른 채 조절점을 드래그하면
도형의 형태를 정사이즈로 변경할 수 있습니다.

 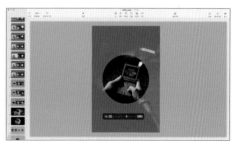

- **파워포인트**: 이미지를 선택한 후 [그림 서식] 탭 – [크기] 그룹에서 [자르기]의 확장 아이콘을 클릭한 후 [도형에 맞춰 자르기]를 선택합니다. 이어서 원하는 도형을 선택하면 원하는 형태로 마스크를 적용할 수 있습니다. 마스크를 적용한 후 세부적으로 마스크 위치를 조절하려면 [자르기] 아이콘을 클릭한 후 조절점을 드래그합니다.

슬라이드가 넓어 보이는 트리밍

트리밍(Trimming)은 잡지에서 많이 사용되는 편집 디자인의 한 방법으로, 이미지의 2~4면을 지면 끝으로 바짝 붙여서 배치하는 형태입니다. 즉, 이미지를 확대 배치해서 필요한 부분만 표시하는 방식입니다. 의도적으로 여백을 없애고, 이미지를 가득 채워 이미지가 확장된 느낌을 연출할 수 있습니다. 이런 트리밍 방식을 슬라이드에 적용하여 빔프로젝터 등에서 큰 화면으로 본다면 더욱 극적인 효과를 낼 수 있습니다.

⌃ 일반적으로 배치한 이미지

⌃ 트리밍 방식으로 배치한 이미지

이러한 트리밍 방식은 제목 슬라이드나 텍스트가 적은 본문 슬라이드에서 적절하게 활용할 수 있으며, 접하는 면에 따라 다음과 같이 구분할 수 있습니다.

4면 트리밍 슬라이드가 가득 차도록 배치하는 것으로, 가장 극적인 효과를 낼 수 있습니다. 4면 트리밍에는 고해상도의 가로형 이미지가 적합합니다.

3면 트리밍 왼쪽 혹은 오른쪽으로 붙여서 배치하는 방식으로, 주로 세로형 이미지일 때 사용합니다.

2면 트리밍 이미지의 좌우를 슬라이드 양끝에 붙이는 방식으로 와이드한 이미지를 더 와이드해 보이게 연출할 수 있습니다.

 ## 이미지 잘라내기 시 지켜야 할 기본 규칙　▼

이미지 잘라내기, 특히 마스크와 크롭 방식을 사용할 때는 다음 몇 가지 규칙을 염두에 두는 것이 좋습니다.

이미지 비례 유지하기 앞서 언급했듯이, 이미지의 가로/세로 기본 비율이 훼손되면 청중은 어색하게 느끼므로 집중도가 떨어질 수 있습니다. 따라서 잘라내기를 사용할 때도 원본의 비례가 파괴되지 않도록 주의해야 합니다.

대상체 자르지 않기 이미지에 담으려는 대상체의 일부가 잘린다면 그만큼 대상의 중요도가 떨어져 보이거나, 시선의 흐름이 부자연스러워집니다. 특별한 경우가 아니라면 대상체가 잘리지 않도록 해야 합니다.

여유롭게 자르기 핵심 대상을 강조하고자 지나치게 여백 없이 자르면 답답해 보일 수 있습니다. 어느 정도 여백을 충분히 고려하여 자르는 것이 좋습니다.

수평 맞추기 사람의 뇌는 안정적인 것을 좋아하므로, 수평 혹은 수직이 맞지 않으면 불안정한 느낌을 받습니다. 특별한 경우가 아니라면 이미지의 수평이나 수직을 맞추는 게 좋습니다.

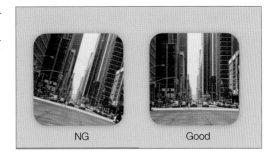

인물의 헤드룸 살리기 헤드룸(Head Room)이란 인물의 머리 위 공간을 뜻하는 촬영 용어입니다. 헤드룸 공간이 충분해야 시각적으로 안정감을 줄 수 있습니다.

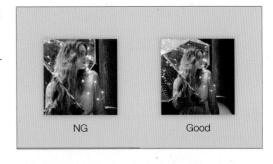

인물의 시선에 맞추기 인물의 시선 방향에 따라 여유 공간이 포함되도록 자르면 훨씬 더 자연스러운 이미지를 연출할 수 있습니다.

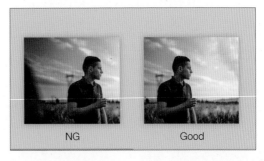

이웃하는 이미지가 있을 때 지켜야 할 기본 규칙 ▼

잘라내기한 이미지 여러 장을 한 슬라이드에 배치할 때 주의해야 할 기본 규칙 몇 가지를 살펴보겠습니다.

너비와 높이 맞추기 배치된 이미지의 크기가 서로 다르면 시선이 분산되고 산만해 보일 수 있습니다.

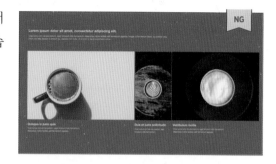

여백 맞추기 잘라내기한 이미지마다 표현된 여백 공간이 다르면 의도와 달리 주목도가 서로 달라질 수 있습니다.

대상체 크기와 위치 맞추기 여백과 유사하게 대상의 크기와 위치에 따라서도 시선이 분산될 수 있으니 서로 맞추는 것이 좋습니다.

⌃ 대상체의 크기나 위치에 따라 시선이 집중되거나 분산될 수 있습니다.

흔히 보는 이미지는
대부분 비트맵 이미지다

벼락식혜

이미지 사용이 잦은데, 인터넷에서 찾은 파일은 jpg, png 등 형식이 다양한 것 같아요. 어떤 차이가 있죠?

비범한 츈

이미지라고 해서 다 같은 게 아니고, 종류가 있어요! 파일 형식마다 어떤 특징이 있는지 알아놓으면 디자인할 때 도움이 됩니다. 여러 이미지 형식에 대해 알아볼까요?

슬라이드에 삽입할 이미지가 한 장 있습니다. 이 이미지를 적정 사이즈로 보았을 때는 선명하게 보이지만, 최대한 확대하면 정사각형 모양의 점(Pixel) 수만 개가 모여 전체 이미지를 구성하고 있는 것을 확인할 수 있습니다. 우리는 이것을 비트의 지도(Map of Bits)라는 뜻으로 비트맵이라고 합니다.

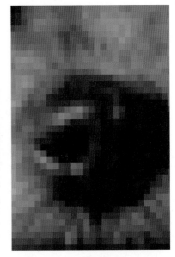

100%   1200%   3200%

⌃ 비트맵 이미지를 확대하면 사각형 점을 확인할 수 있습니다.

비트맵의 최소 단위인 pixel은 100% 이미지 상태에서는 볼 수 없지만 이미지를 확대할수록 또렷하게 확인할 수 있습니다. 흔히 슬라이드에 삽입하는 대부분의 사진 이미지가 비트맵 이미지입니다. 비트맵 이미지는 고밀도의 픽셀과 색상 정보를 포함할 수 있기 때문에 사진과 같은 고해상도 이미지를 표현하는 용도로 사용됩니다.

비트맵 방식을 사용하는 이미지들의 파일 형식에는 jpg, gif, png, psd. bmp 등이 있으며, 프레젠테이션 디자인에서 자주 사용하는 형식은 jpg, png, gif입니다.

	JPG	PNG	GIF
이미지 압축	O	X	X
이미지 용량	작음	큼	큼
이미지 색상 표현	1600만 컬러	1600만 컬러 이상	256컬러
투명 배경 사용	X	O	O
움직임 연출	X	X	O

가장 흔한 이미지 형식인 JPG(JPEG)

비트맵 이미지 중에서도 가장 많이 사용하는 형식은 JPG입니다. Joint Photographic Experts Gorup에서 만들어낸 이미지 압축 표준 방식을 사용하기 때문에 JEPG라고도 부릅니다. JPG는 1600만 컬러를 표현할 수 있고, 이미지 압축을 많이 하는 편이므로 이미지를 표현하는 데 일부 손실이 발생합니다. 하지만 그만큼 파일 용량이 작기 때문에 웹에서 많이 사용합니다. 웹에서 다운로드하는 대부분의 이미지 형식이 JPG입니다.

JPG 이미지는 별도의 기능을 사용하지 않는 이상 투명한 배경을 지원하지 않아 사각형 형태의 이미지만 사용해야 합니다. 그러므로 대표 이미지가 정해지면 이미지에 맞춰 슬라이드의 배경을 변경해서 사용하는 것이 좋습니다.

⌃ 이미지 배경과 슬라이드 배경 컬러를 맞추면 정돈되어 보입니다.

투명한 배경을 사용할 수 있는 PNG

PNG는 Portable Network Graphics의 약자로, JPG와 달리 무손실 압축을 사용하기 때문에 이미지 손실이 전혀 없는 고품질 이미지를 만들 수 있습니다. 이미지를 압축하지 않기 때문에 더 많은 컬러 표현을 지원하여 더욱 선명한 이미지를 나타낼 수 있지만, 용량은 JPG보다 커지게 됩니다. PNG 형식의 가장 큰 특징이라면 '투명도'를 지원한다는 점입니다.

슬라이드를 디자인할 때 배경이 투명하게 처리된 PNG 이미지를 사용하면 디자인의 자유도가 월등하게 높아지며, 다이내믹한 레이아웃을 시도해볼 수도 있습니다.

춘's 컨설팅 알고 나면 보이는 JPG와 PNG의 확연한 차이

JPG와 PNG의 가장 큰 차이는 바로 투명도의 유무입니다. 아래 사례에서 왼쪽의 JPG 이미지는 사각형의 흰색 배경을 그대로 쓸 수밖에 없지만, 오른쪽의 PNG 이미지는 투명한 배경 덕분에 실제 대상의 형태로 사용할 수 있습니다.

≫ JPG(좌)와 PNG(우) 이미지를 배치했을 때의 차이

≫ 기업의 로고나 브랜드 이미지를 PNG로 사용하면 좀 더 자연스러운 디자인이 됩니다.

디자인 활용도가 높은 PNG 이미지는 포털 사이트에서 키
워드와 함께 PNG를 입력해서 검색하면 쉽게 찾을 수 있
습니다. 웹에서 투명한 이미지는 대부분 바둑판 모양의 격
자 무늬로 표현되므로, 검색 결과에서 미리 보기 화면을 통
해 확인하고 사용하면 됩니다.

키노트 & 파워포인트 | JPG 이미지에서 배경 제거하기 ▼

키노트나 파워포인트 기능을 이용하면 JPG 이미지에서도 일부 배경을 투명하게 변경하여 사용할 수 있습니다.

• **키노트:** 이미지를 배치해서 선택한 후 [포맷] 패널의 [이미지] 탭에서 [인스턴트 알파]를 클릭합니다. 슬라이드
로 마우스 커서를 옮기면 확대되어 표시됩니다. 투명하게 만들고 싶은 영역을 클릭하거나 드래그해서 선택하
고 (Enter)를 누릅니다. 선택한 영역이 투명하게 처리됩니다.

 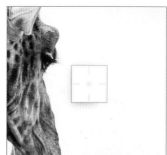

• **파워포인트:** 이미지를 선택한 후 [그림 서식] 탭 – [조정] 그룹에서 [배경 제거]를 클릭합니다. 상단 메뉴가 변경
되면 투명하게 처리할 부분(핑크색 영역)을 결정한 후 [변경 내용 유지]를 클릭합니다. 투명하게 처리할 부분을
변경할 때는 상단 메뉴에서 [보관할 영역 표시]와 [제거할 영역 표시]를 이용합니다.

다만 키노트나 파워포인트의 배경 제거 기능은 전문적인 프로그램에 비해 한계가 있어 이미지의 형태가 복잡할수록 배경을 깔끔하게 제거하기가 어렵습니다.

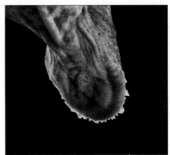

움직이는 이미지, GIF

GIF는 Graphics Interchange Format의 약자로, 비손실 압축이지만 표현할 수 있는 컬러가 256색으로 매우 적습니다. 그러나 GIF는 다중 프레임을 지원하므로 특별한 플러그인을 설치하지 않아도 짧은 애니메이션을 표현할 수 있다는 장점이 있습니다. 흔히 움짤(움직이는 짤)로 알려진 이미지들이 바로 GIF 이미지입니다. 컬러 표현이 적어서 그래픽 디자인 분야에서는 사용성이 높지 않고, 모바일의 이모티콘 표현 등에 주로 사용됩니다.

일반적으로 이미지는 정지된 화면이라고 생각하므로, 슬라이드 움직임이 있는 GIF 이미지를 배치함으로써 고정관념을 깰 수 있습니다. 따라서 흐름에 맞게 사용하면 청중의 호기심을 자극하여 집중도를 높일 수 있습니다.

춘's 컨설팅 GIF 이미지 다운로드 사이트

재미있는 GIF 이미지를 다운로드할 수 있는 사이트 몇 곳을 소개합니다.

• **GIPHY**(https://giphy.com/explore/free-gif): GIF 이미지를 무료로 다운로드할 수 있습니다.

- **Pinterest**(https://www.pinterest.co.kr): 감성적인 이미지들이 가득한 곳으로, 키워드와 GIF를 동시에 입력하여 검색하면 우수한 품질의 GIF 이미지를 찾아 다운로드할 수 있습니다.

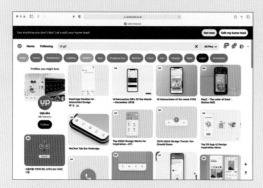

- **Daria Khoroshavina**(https://www.behance.net/barelungs): GIF 애니메이션과 비슷하지만 배경 이미지는 고정된 채 다른 대상이 반복되는 이미지들을 확인할 수 있습니다.

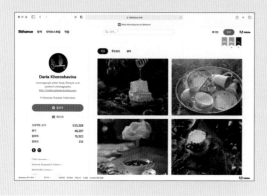

좋아 보이는
이미지를 위한 비법

**니콜
키드만**

춘님의 슬라이드에 배치된 이미지들을 보니 하나같이 모서리가 둥글게 처리되어 있네요?

비범한 춘

일반적으로 이미지는 사각형으로만 사용한다고 생각하는 경향이 있죠. 하지만 모서리를 둥글게 처리함으로써 좀 더 부드러운 인상을 줄 수 있어요! 여기서는 모서리를 둥글게 처리하거나 필터, 그림자 등을 활용하는 요령에 대해 소개해보겠습니다.

이미지 필터 적용으로 느낌 충만한 디자인 완성하기 ▼

요즘에는 꼭 포토샵 같은 유료·전문 프로그램을 사용하지 않더라도 이미지를 보기 좋게 가공하는 '필터' 프로그램이 많습니다. 게다가 파워포인트에는 기본으로 필터 기능이 포함되어 있습니다. 이런 기능을 활용하여 이미지에 필터를 적용함으로써 좀 더 감성적인 디자인을 완성할 수 있습니다. 대표적으로 세피아 효과와 흑백 효과에 대해 살펴보겠습니다.

도형을 활용한 세피아 효과 만들기

사진이나 영상을 촬영할 때 '세피아' 모드를 본 적이 있을 겁니다. 화면을 갈색 톤으로 만들 때 사용하는 효과로, 원색 이미지를 한 가지 색상 톤으로 바꾸면서 오묘한 느낌을 연출할 수 있습니다.

세피아 필터를 적용한 이미지 ≫

이런 세피아 효과를 프레젠테이션 디자인에 적절하게 사용하면 역시 오묘한 느낌을 연출할 수 있습니다. 이때 디자인 콘셉트에 맞춰 컬러를 설정하면 좋습니다.

⌄ Good 슬라이드에서는 프레젠테이션 주제인 숲에 맞는 컬러를 사용하여, 오묘한 숲의 느낌을 연출했습니다.

키노트 & 파워포인트 | 세피아 효과 적용하기 ▼

• **키노트:** 키노트에서는 별도의 세피아 필터 기능을 제공하지 않습니다. 하지만 도형과 불투명도를 활용해 간단히 세피아 효과를 연출할 수 있습니다. 직사각형 도형을 배치한 후 컬러와 불투명도 옵션을 조절하면 됩니다. 이때 도형으로 이미지 전체를 가리거나 일부만 가려서 세피아 효과 적용 범위를 조절할 수 있습니다.

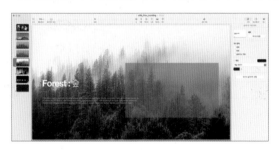

• **파워포인트:** 키노트와 같은 방법으로 사각형을 배치한 후 컬러와 불투명도 옵션을 조절해도 되지만, 파워포인트에서는 기본적으로 필터 효과를 제공합니다. 이미지를 선택한 후 [그림 서식] 탭 – [조정] 그룹에서 [색]을 클릭하고 [다시 칠하기]에서 원하는 톤을 선택합니다.

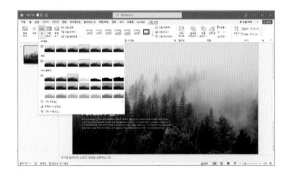

순차적으로 설명할 때 좋은 흑백 효과

영화가 처음 세상에 나왔을 때는 흑백으로 표현
할 수밖에 없었습니다. 그러나 기술의 눈부신 발
전으로 세상에 보이는 컬러 그대로를 모두 표현
할 수 있게 되었죠. 기술의 흐름상 흑백 효과는
더 이상 사용되지 않을 것 같지만, 실제로는 꾸준
하게 사용되며 흑백만의 독창적인 세계관을 만들
어내고 있습니다.

ˆ 흑백으로 연출한 슬라이드

무채색만 사용하는 흑백 효과 이미지는 다채로운 컬러에 비해 톤이 다운되므로 컬러 이미지와 함께
사용하면 침착해 보이면서 컬러 이미지를 좀 더 부각할 수 있습니다. 이런 원리를 슬라이드에 적용하
여, 주제를 순차적으로 설명할 때 현재 설명하는 항목만 컬러로 표현하고 나머지 항목에는 흑백 효과
를 적용해 청중에게 현재 상황을 명확하게 전달할 수 있습니다.

ˆ 2개의 주제 중 첫 번째 주제를 설명한 뒤 자연스럽게 두 번째 주제를 설명하는 상황을 표현합니다.

키노트 & 파워포인트 | 이미지를 흑백으로 만들기 ▼

- **키노트:** 이미지를 삽입하여 선택한 후 [포맷] 패널의 [이미지] 탭에서 [조절]의 [노출]과 [채도] 옵션 값을 조절합
니다. 노출은 빛의 양을 조절하는 옵션이고, 채도는 컬러의 선명한 정도를 결정하는 옵션입니다. 그러므로 채도
옵션을 최대한 낮춘 후 노출 옵션을 적당한 밝기로 조절해서 사용합니다. 좀 더 세부적으로 조절하고 싶다면
[강화]와 [재설정] 버튼 사이에 있는 [이미지 조정] 버튼을 클릭하여 이미지 조정 창을 이용합니다.

ˆ 원본 이미지

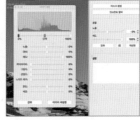

ˆ 이미지 조절 창

⌃ 노출 −100

⌃ 노출 +100

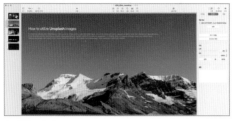

⌃ 채도 −100

⌃ 채도 +100

• **파워포인트:** 파워포인트에서는 기본으로 다양한 필터 효과를 제공합니다. 이미지를 선택하고 [그림 서식] 탭 − [조정] 그룹에서 [색]을 클릭한 후 [채도: 0%]를 선택하면 됩니다.

⌃ 채도 100%

⌃ 채도 0%

⌃ 채도 400%

이미지에 대한 편견 깨기: 둥근 모서리나 원형 사용하기 ▼

이미지에 대한 선입견 중에서 대표적인 것이 '이미지는 무조건 사각형이다!'라는 편견입니다. 이런 편견을 버리고, 슬라이드에 이미지를 배치할 때 다양한 형태로 바꿔서 배치할 수 있습니다. **Link** 다양한 형태로 이미지를 배치하는 방법은 **165쪽**의 마스크 기능을 참고하세요.

실제로 사각형 모양의 이미지와 모서리를 둥글게 처리한 이미지 혹은 원형으로 변형해서 배치한 이미지의 느낌은 매우 다릅니다. 프레젠테이션 중에 청중이 무의식적으로 느끼는 기본 프레임은 사각형입니다. 사각형이라는 틀 속에서 깔끔하게 정돈된 모서리가 둥근 이미지나 원형 이미지들은 시각적으로 신선한 느낌을 전달할 수 있습니다.

⌃ 사각형 그대로 배치한 이미지

⌃ 모서리가 둥근 이미지

⌃ 원형 이미지

흰색 배경에서 흰색 위주의 이미지를 사용하는 법 ▼

오른쪽 사례를 보면 배경이 흰색인 슬라이드에 흰색 영역이 많은 이미지를 배치하여 이미지와 슬라이드 배경의 경계가 애매합니다. 이런 상황이라면 이미지에 그림자나 테두리 효과를 적용하여 이미지와 배경을 분리할 수 있습니다.

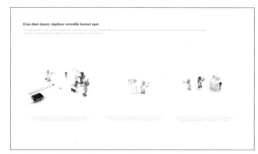
⌃ 흰색 배경에 흰색 이미지를 사용하면 경계가 모호해집니다.

입체감을 표현하는 그림자 슬라이드에서 이미지와 배경을 자연스럽게 분리하는 방법으로 그림자 효과를 사용할 수 있습니다. 다만, 그림자 효과가 강하면 과한 인상을 남길 수 있으니 주의해서 사용하는 것이 좋습니다.

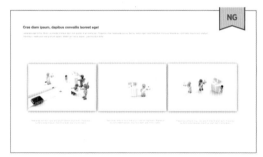 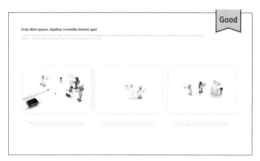
⌃ 그림자 효과가 강하면 이미지가 지나치게 강조됩니다.

간단히 구분해주는 테두리 이미지 배경과 슬라이드 배경을 가장 간단하게 분리하는 방법은 이미지에 테두리를 적용하는 것입니다.

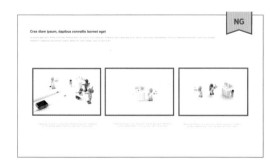 
⌃ 테두리에 진한 컬러를 적용하면 불필요하게 주목도가 올라갈 수 있습니다.

그림자 효과 적용하기

- **키노트:** 이미지를 선택하고 [포맷] 패널의 [스타일] 탭에서 [그림자] 옵션을 펼친 후 [그림자 만들기]로 설정합니다. 이후 흐림 효과, 오프셋, 불투명도 등의 옵션을 조절하여 원하는 형태의 그림자를 완성합니다.

흐림 효과를 높게 설정할수록 그림자 번짐이 심해집니다. 오프셋은 그림자의 각도, 불투명도는 그림자의 선명도를 조정합니다.

- **파워포인트:** 이미지를 [마우스 우클릭] 후 [그림 서식]을 선택해서 [그림 서식] 패널을 엽니다. [그림자] 항목을 펼친 후 [미리 설정] 옵션에서 원하는 스타일의 그림자를 선택하고, 세부 옵션을 조절하여 그림자를 완성합니다. 투명도를 높이면 그림자가 조금 더 자연스럽게 표현됩니다.

테두리 효과 적용하기

- **키노트:** 이미지를 선택하고 [포맷] 패널의 [스타일] 탭에서 [테두리] 옵션을 펼친 후 [선]으로 설정합니다. 이후 테두리 선 종류, 컬러, 두께 등을 조절합니다.

- **파워포인트:** [그림 서식] 패널의 [선 및 채우기] 탭에서 [선] 항목을 펼친 후 [실선]을 선택하고 컬러, 스타일, 투명도 등을 조절합니다.

슬라이드에 배치할 이미지가 컴퓨터나 스마트폰 화면을 캡처한 것이거나 웹사이트 화면이라면 실제
사용하는 디바이스 이미지를 이미지 프레임으로 사용하여 기준 사이즈나 의도 등에 대한 청중의 이
해도를 높일 수 있습니다.

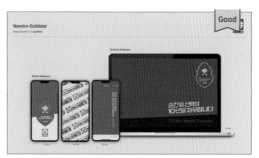

⌃ 디바이스 이미지를 프레임으로 사용하여 실제 사이즈나 메시지를 좀 더 명확하게 전달할 수 있습니다.

⌃ 모바일 페이지를 소개하는 슬라이드에서 모바일 프레임을 활용하 ⌃ 웹사이트를 소개하는 슬라이드에서 웹브라우저 프레임을 활용하
였습니다. 였습니다.

🙂 **춘's 컨설팅** 디바이스 이미지는 무료 이미지 사이트나 구글 이미지 검색 등에서 필요한 디바이스 명칭과 png를
함께 입력하여 검색하면 쉽게 찾을 수 있습니다.

프레젠테이션 디자인 체크 리스트

☑ **텍스트로 구구절절 설명하기보다 한 장의 이미지로 감성을 표현하였나요?**

이미지는 텍스트보다 더 쉽고 감성적으로 정보를 전달할 수 있다는 특징이 있습니다. 텍스트를 사용해 상황을 구구 절절 설명하기보다 이미지 한 장을 보여주었을 때 청중은 주제에 대해 관심을 가지게 되고, 결과적으로 프레젠테이 션의 이해도를 높일 수 있습니다.

☑ **당신이 사용한 이미지는 히어로 이미지인가요?**

이미지 한 장에서 감성의 아우라가 느껴지는 것을 히어로 이미지라고 부르고, 이런 히어로 이미지를 잘 활용하면 감 성적인 디자인을 완성할 수 있습니다. 히어로 이미지의 요건으로 주제와의 연관성, 자연스러움, 좋은 화질, 지나치게 높지 않은 채도, 충분한 여백 등이 있습니다.

☑ **이미지를 잘라 내는 세 가지 방법(크롭, 마스크, 트리밍)은 무엇인가요?**

이미지를 원하는 형태로 가공하기 위해서는 이미지를 잘라내는 방법인 크롭, 마스크, 트리밍에 대해 알아야 합니다. 크롭은 이미지에서 원하는 부분을 빼고 상하좌우를 자르는 방식, 마스크는 원하는 부분에 원하는 모양을 겹쳐서 남 기는 방식, 트리밍은 이미지의 2~4면을 지면 끝으로 바짝 붙여서 배치하는 방식입니다.

☑ **삽입된 이미지의 가로/세로 비율을 왜곡하진 않았나요?**

슬라이드에 이미지를 배치할 때 절대적으로 지켜야 할 규칙이 한 가지 있습니다. 이미지의 가로/세로 비율을 임의로 변경하지 말아야 한다는 것입니다. 이미지가 가진 기본 비율을 변경하면 본래의 이미지 정보를 잃게 되어 좋지 못한 인상을 남길 수 있습니다.

☑ **JPG와 PNG를 구분할 수 있나요?**

JPG와 PNG의 가장 큰 차이는 투명도의 유무입니다. JPG는 기본적으로 사각형 형태로 배치됩니다. PNG 이미 지는 투명한 배경 덕분에 실제 대상의 형태로도 사용할 수 있어 활용도가 더 좋습니다.

☑ **이미지가 사각형이라는 편견을 깼나요?**

이미지에 대한 선입견 중 대표적인 것이 '이미지는 무조건 사각형이다!'라는 것입니다. 사각형 모양의 이미지와 모서 리를 둥글게 처리한 이미지 혹은 원형으로 변형해서 배치한 이미지의 느낌은 완전히 다릅니다.

인생은 원더풀,
슬라이드는 컬러풀

색다른 프레젠테이션 디자인을 위한 컬러 언어 이해하기

톰과젤리 춘님, 저는 프레젠테이션 디자인 시 컬러 사용이 가장 어려운 것 같아요! 도무지 어떤 컬러를 써야 할지 모르겠어요!

비범한 춘 일상에서 접하는 컬러의 개념은 절대 어려운 게 아니에요. 슬라이드에 사용되는 컬러도 마찬가지랍니다! '컬러의 언어'를 이해한다면 좀 더 적극적으로 컬러를 활용할 수 있어요. 컬러를 사용하기 위해 꼭 알아야 할 기본 개념 몇 가지를 살펴보겠습니다.

컬러를 설명하는 세 가지 개념: 색상, 명도, 채도 ▼

본격적으로 슬라이드에서 컬러를 사용하는 법에 대해 알아보기 전에 컬러의 언어를 이해할 필요가 있습니다. '컬러'는 인류와 오랜 시간을 함께했기 때문에 컬러의 개념과 법칙에 대해 정의된 것들이 많습니다. 그중에서 대표적인 세 가지 개념이 색상, 명도, 채도입니다. 이 세 가지 개념을 이해하고 구분할 줄 알면 슬라이드에서 컬러를 사용하는 것이 그리 어렵게 느껴지지만은 않을 겁니다.

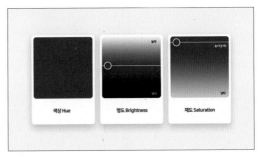
⌃ 컬러의 세 가지 개념인 색상, 명도, 채도

색상(Hue) "크레파스에는 어떤 컬러가 있나요?"라고 질문했을 때 흔히 대답하는 그것이 바로 '색상'입니다. 색상은 빛의 파장에 따라 만들어집니다.

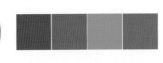

명도(Brightness) 명도는 컬러의 어두움과 밝음을 구분하는 개념입니다. 검은색과 흰색 사이에서 결정되며 명도에 따라 다양한 컬러가 파생됩니다. 예를 들어 파란색에서 명도를 낮추면 어두운 파란색이 되고, 명도를 높이면 밝고 파스텔 느낌이 나는 옅은 파란색이 됩니다. 즉, 명도가 높아질수록 흰색에 가까워지고, 반대로 명도가 낮아질수록 검은색에 가까워집니다.

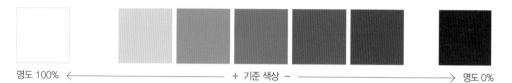

명도 100% ←————————————— + 기준 색상 – —————————————→ 명도 0%

채도(Saturation) 채도는 컬러의 탁하거나 선명한 정도를 나타냅니다. 채도가 완전히 높으면 다른 색이 섞이지 않은 순수한 색이라는 의미인 순색이 되고, 채도가 완전히 낮아지면 회색이 됩니다. 흔히 흑백 이미지를 만들 때 채도를 −100%로 조정하며, 이는 이미지의 컬러를 탁하게 변경하여 컬러가 없는 것처럼 표현하는 방식입니다.

채도 100% ←————————————— + 기준 색상 – —————————————→ 채도 0%

≪ 채도 0%　　　　　　　≪ 채도 −50%　　　　　　≪ 채도 −100%

키노트나 파워포인트에서는 컬러 옵션을 다양하게 제공하므로 컬러를 변경하기가 매우 쉽습니다. 표준 컬러를 기준으로 명도와 채도를 팔레트 형식에서 단계별로 선택할 수도 있습니다.

- **키노트:** 텍스트나 도형을 선택한 후 [포맷] 패널의 [스타일] 탭(도형) 또는 [텍스트] 탭(텍스트)에서 컬러 박스를 클릭하면 원하는 컬러를 선택할 수 있습니다. 이때 [색상환] 아이콘을 클릭하면 다양한 방식으로 컬러를 선택할 수 있습니다.

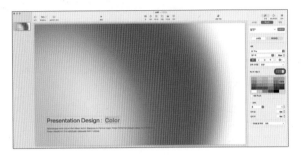

- **파워포인트:** 텍스트나 도형을 선택한 후 [홈] 탭에서 텍스트는 [글꼴] 그룹에 있는 [글꼴 색]을, 도형은 [그리기] 그룹에 있는 [도형 채우기]를 클릭해서 선택할 수 있습니다. 미리 설정된 컬러 이외에 다양한 방식으로 컬러를 선택할 때는 팝업 메뉴에서 [다른 색] 또는 [다른 채우기 색]을 선택합니다.

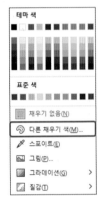

 ## 컬러 이론의 위대한 발견, 색상환 ▼

우리가 흔히 사용하는 컬러 이외에도 수많은 컬러가 있습니다. 이렇게 다양한 컬러를 어떻게 구분하고 사용할까요? 이 질문에 대답하기 위해 색상, 명도, 채도와 함께 알아야 할 개념인 '색상환(Hue Circle)'을 소개합니다. 색상환은 '빨강, 노랑, 파랑' 3원색을 섞어서 만들 수 있는 컬러들을 둥글게 배열한 것으로, 프레젠테이션 디자인뿐 아니라 일상생활에서도 컬러 배색에 활용할 수 있습니다.

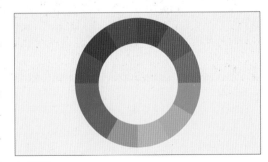

⌃ 색상환

색상환은 컬러를 이야기할 때 위대한 발견이라고 할 정도로 유용한 개념으로, 이 색상환에 색상, 명도, 채도를 접목하면 손쉽게 컬러 가이드를 만들 수 있습니다. 지금부터 색상환이 왜 위대한 발견인지, 오른쪽 기준 슬라이드의 변화를 통해 확인해보겠습니다.

△ 기준 슬라이드

한 가지 컬러 사용하기 색상환을 가장 쉽게 사용하는 방법은 컬러를 한 가지 선택한 다음 선택한 컬러와 유사한 컬러를 추출하여 사용하는 방식입니다. 같은 색상에서 명도와 채도만 변하기 때문에 조화로운 배색이 가능하다는 장점이 있습니다.

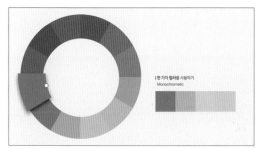

△ 파란색을 선택하고, 파란색을 기준으로 다양한 톤을 가진 파란색을 만들어 슬라이드에 적용했습니다.

이웃하는 컬러 사용하기 선택한 기준 컬러와 이웃한 컬러를 함께 사용하면 한 가지 컬러만 활용했을 때 느끼는 단조로움을 보완하여 좀 더 색감이 느껴지는 슬라이드를 완성할 수 있습니다.

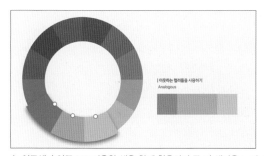

△ 연두색과 양쪽으로 이웃한 색을 함께 활용하여 좀 더 색감을 느낄 수 있는 컬러로 디자인하였습니다.

반대되는 컬러 사용하기 색상환에서 서로 반대 위치에 있는 컬러를 '보색'이라고 합니다. 보색을 디자인에 활용하면 두 컬러가 극명하게 대비되어 포인트를 명확하게 표현할 수 있습니다.

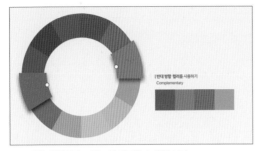

⌃ 보색을 활용하여 포인트를 강조할 수 있습니다.

삼각형 컬러 사용하기 기준 컬러를 하나 선택한 후 색상환에서 삼각형을 그렸을 때 꼭짓점에 위치한 컬러를 함께 활용할 수 있습니다. 이웃하는 컬러만 사용하면 단조로워 보일 수 있지만, 서로 마주하는 삼각형 컬러까지 사용해 다채로운 컬러를 구성할 수 있습니다.

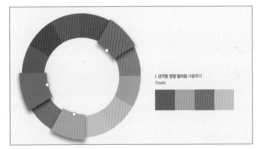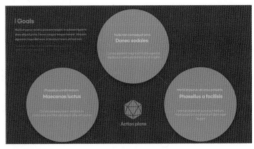

⌃ 삼각형의 꼭짓점에 위치한 컬러를 선택하여 슬라이드의 컬러가 다채로워졌습니다.

색상환에서 따뜻한 느낌과 차가운 느낌 구분하기

색상환을 이용해 어떤 배색을 사용할지 고를 수 있을 뿐만 아니라 주제에 어울리는 컬러를 선택하는 데 도움을 받을 수도 있습니다. 색상환을 보면 유사한 느낌의 컬러가 모여 있음을 쉽게 확인할 수 있습니다.

오른쪽과 같이 색상환을 절반으로 쪼개어 살펴보세요. 오른쪽

컬러에서는 따뜻한 느낌을, 왼쪽 컬러에서는 차가운 느낌을 받을 수 있습니다. 특정 컬러에 대한 느낌은 사람마다 문화마다 다르기 때문에 다소 차이가 있을 수 있지만, 대체로 아래와 같이 차가운 느낌과 따뜻한 느낌을 구분합니다.

∧ 차가운 느낌의 슬라이드

∧ 따뜻한 느낌의 슬라이드

컬러의 기본을 알아야 하는 이유 ▼

흔히 '컬러(Color)'에 대해 이야기한다고 하면 매우 전문적인 지식을 요구하는 것처럼 보입니다. 디자이너들이나 예술을 공부한 사람들만 논할 수 있는 영역으로 느끼는 사람들도 많습니다. 프레젠테이션 디자인에서 슬라이드를 구성하는 디자인 요소 중 '컬러' 사용이 가장 어렵다고 느끼는 이유도 바로 이 때문일 겁니다. 하지만 앞서 살펴보았듯이 컬러의 개념은 크게 어렵지 않고, 어디선가 한 번쯤 들어본 것들입니다. 이처럼 컬러는 우리가 관심을 제대로 기울이지 않았을 뿐, 일상에서 늘 함께하는 개념입니다.

횡단보도 앞에서 마주하는 신호등 컬러, 미세먼지의 경보 단계를 표현한 컬러 등을 보며 우리는 해당 컬러를 빠르게 인지합니다. 이는 일상에서 자연스럽게 컬러의 의미를 받아들이고 있다는 증거입니다. 요즘은 디스플레이 기술의 눈부신 성장으로 컬러를 보다 선명하게 표현할 수 있게 되면서, 사람들이 컬러를 더욱 자연스럽게 습득하고 있다는 생각이 듭니다.

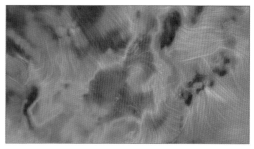

∧ 우리는 일상 속에서 컬러의 의미를 자연스럽게 받아들입니다(출처: https://earth.nullschool.net/).

이처럼 우리는 일상에서 학습된 결과로 컬러를 보고 그에 따른 정보를 빠르게 얻을 수 있습니다. 그렇다면 프레젠테이션 디자인에서 슬라이드에 사용된 컬러는 어떤 역할을 하고 있을까요?

인상적인 슬라이드 만들기 프레젠테이션 디자인에서 컬러를 사용하는 가장 큰 이유는 청중에게 인상적인 슬라이드를 보여주기 위해서입니다. 프레젠테이션 주제와 어울리는 컬러를 사용한 슬라이드는 좀 더 감각적이고 감성적으로 내용을 전달할 수 있습니다.

▲ 무채색 슬라이드(좌)와 유채색 슬라이드(우)의 비교

위 두 슬라이드를 비교해보세요. 어떤 슬라이드가 더 매력적으로 느껴지나요? 두 슬라이드의 가장 큰 차이는 '색이 있느냐(유채색), 없느냐(무채색)'입니다. 컬러에 대한 전문 지식이 없어도 유채색으로 디자인된 슬라이드에서는 주제가 좀 더 감성적으로 와닿는 것을 느낄 수 있습니다. 우리 눈은 예민하기 때문에 조화로운 컬러에 눈길이 가는 것은 자연스러운 현상입니다.

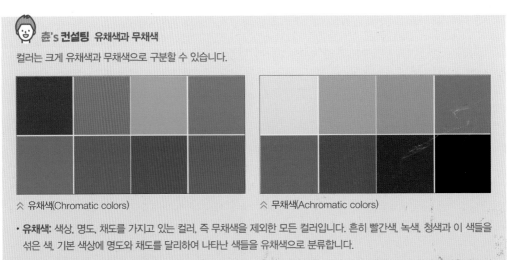

춘's 컨설팅 유채색과 무채색

컬러는 크게 유채색과 무채색으로 구분할 수 있습니다.

▲ 유채색(Chromatic colors)　　　　　▲ 무채색(Achromatic colors)

- **유채색**: 색상, 명도, 채도를 가지고 있는 컬러, 즉 무채색을 제외한 모든 컬러입니다. 흔히 빨간색, 녹색, 청색과 이 색들을 섞은 색, 기본 색상에 명도와 채도를 달리하여 나타난 색들을 유채색으로 분류합니다.
- **무채색**: 유채색과 반대되는 개념으로 색상, 채도는 없고 명도만으로 표현되는 컬러입니다. 쉽게 말해 흰색과 검은색 그리고 그 사이에 있는 색들(회색 계열)을 가리킵니다.

시선 유도(강조)하기 컬러의 또 다른 역할은 청중의 자연스러운 시선을 유도하는 것입니다. 슬라이드에서는 포인트를 따라 청중의 시선이 자연스럽게 이동해야 하는데, 무채색과 유채색을 적절히 사용하면 자연스러운 시선 이동을 유도할 수 있습니다.

⌃ 포인트로 유채색을 사용하여 마지막 원으로 시선이 쏠립니다.

정보의 성격 그룹 짓기 슬라이드에 여러 주제가 있을 때, 그룹별로 다른 컬러를 사용하여 성격을 구분 지을 수 있습니다. 청중은 자연스럽게 서로 다른 컬러로 표현한 내용을 구분하여 주제에 대한 이해도를 높일 수 있습니다.

컬러로 정보를 구분하는 대표적인 사례로 오른쪽과 같은 지하철 노선도를 떠올릴 수 있습니다. 만

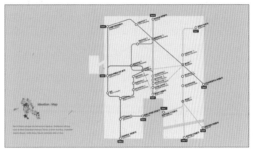

⌃ 컬러로 각 노선이 구분된 지하철 노선도

약 모든 노선이 같은 색으로 표현되어 있다면 원하는 역을 빠르게 찾기 어려울 것입니다. 하지만 같은 노선을 같은 색으로 구분함으로써 좀 더 수월하게 정보를 전달할 수 있습니다.

아래 사례는 고객의 성향을 6가지로 분류한 슬라이드입니다. 왼쪽 슬라이드에서는 이미지로 6가지 그룹을 분류하였지만, 이미지 배경에 동일한 컬러를 사용하여 확실하게 다른 고객들의 성향이 드러나지 않습니다. 오른쪽 슬라이드에서는 6가지 그룹의 성향을 각각 다른 컬러로 표현하여 서로 다른 성향을 명확히 인지할 수 있게 하였습니다.

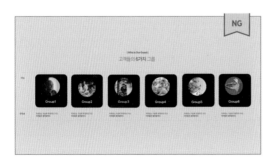

춘's 컨설팅 **그룹핑된 컬러를 포인트 컬러로 사용하기**

컬러로 정보의 그룹별 성격을 구분했다면 이후 같은 주제를 다룬 슬라이드에서 해당 컬러를 포인트 컬러로 활용하여 주제를 더 명확히 드러낼 수 있습니다.

오른쪽 사례를 보면 첫 번째 슬라이드에서 Hardware는 파랑, Software는 초록, Service는 다홍을 사용하여 정보를 구분하였습니다. 다음 슬라이드부터 나오는 각 주제별 세부 슬라이드는 구분된 컬러를 포인트 컬러로 사용하여 주제를 명확히 인지시켰습니다.

⌃ 세 주제를 컬러로 구분한 슬라이드

⌃ 항목별 슬라이드에서 사용한 포인트 컬러

프레젠테이션 디자인에서 마주하는 컬러에 대한 고민들 ▼

지금까지 컬러의 기본 언어에 대해 살펴봤습니다. 이제 프레젠테이션 디자인에서 슬라이드 위에 컬러를 사용할 때 고려할 요소에는 어떤 것들이 있는지 알아보겠습니다.

슬라이드 배경 컬러 타이틀 디자인을 제외한다면 가장 먼저 하게 되는 컬러와 관련한 고민은 '배경에 어떤 컬러를 사용할까?'일 겁니다. 배경 슬라이드의 컬러에 따라 텍스트, 도형, 이미지 등의 디자인 요소에 사용할 컬러도 영향을 받기 때문에 배경 컬러 선정은 매우 중요한 문제입니다. 만약 타이틀 디자인이 완성된 상태라면 타이틀 디자인이 돋보이는 배경 컬러를 선택하는 것도 한 방법입니다.

⌃ 배경 컬러와 텍스트 컬러를 적절하게 조절하지 않으면 가독성에 문제가 생길 수 있습니다.

- **키노트:** 슬라이드의 여백을 클릭한 후 [포맷] 패널에서 [배경] 옵션을 이용해 배경색을 변경할 수 있습니다. 만약, 모든 슬라이드의 배경색을 한 번에 변경하고 싶다면 [포맷] 패널에서 [슬라이드 레이아웃 편집] 버튼을 클릭하여 슬라이드 레이아웃 패널에서 [배경] 옵션을 변경합니다.

- **파워포인트:** 슬라이드의 여백에서 [마우스 우클릭] 후 [배경 서식]을 선택합니다. [배경 서식] 패널이 열리면 [채우기] 항목에서 채울 방법을 선택하고 [색] 옵션을 변경합니다. 만약 모든 슬라이드의 배경색을 동일하게 변경하고 싶다면 [보기] 탭 – [마스터 보기] 그룹에서 [슬라이드 마스터]를 클릭한 후 같은 방법으로 배경색을 변경합니다.

텍스트 컬러 전체 슬라이드에서 가장 많은 비율을 차지하는 디자인 요소는 아마도 '텍스트'일 겁니다. 그러므로 텍스트 컬러를 결정하는 것은 배경 컬러만큼이나 중요합니다. 흔히 프레젠테이션에서 사용하는 텍스트는 있는 듯 없는 듯 자연스럽게 구성하여 내용을 전달하는 것이 좋습니다. 그러므로 유채색의 화려한 컬러보다 무채색 계열을 기본으로 한 뒤 포인트로 유채색을 활용합니다.

ⵥ 텍스트에는 다채로운 색보다 무채색을 활용하여 시인성을 높이는 것이 좋습니다.

포인트 컬러 무채색 위주의 텍스트를 사용하면 단조로울 수 있는데, 포인트 컬러를 사용해 핵심 내용을 강조함으로써 단조로움을 보완할 수 있습니다. 이때도 컬러를 과하게 쓰지 말고 한두 가지로 포인트 컬러를 정해놓고 사용해야 합니다.

포인트 컬러로 단조로움을 피하고 핵심 내용을 강조했습니다. ≫

도형 컬러 슬라이드에서 사용하는 도형은 핵심 메시지를 보조하는 역할을 할 때가 많습니다. 그러므로 너무 화려하거나 튀어 보이지 않고, 배경이나 텍스트 컬러와 조화롭게 어울릴 수 있는 컬러를 사용해야 합니다.

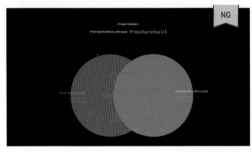 

 도형은 효과적인 메시지 전달을 위한 보조 도구입니다. 그러므로 지나치게 눈에 띄지 않고, 자연스럽게 어울리도록 사용해야 합니다.

키노트 & 파워포인트 | 도형에 컬러 적용하기 ▼

- **키노트:** 상단 도구 막대에서 [도형]을 클릭하여 원하는 도형을 삽입한 후 [포맷] 패널의 [스타일] 탭에서 [채우기]를 클릭하여 도형의 배경 컬러를 변경할 수 있습니다. 이후 [테두리] 옵션을 이용해 테두리를 추가하고, 컬러를 변경할 수 있습니다. 키노트에서 도형을 삽입하면 기본 값으로 배경 컬러가 채워지고, 테두리는 없음으로 설정되어 있습니다.

- **파워포인트:** [삽입] 탭 – [일러스트레이션] 그룹에서 [도형]을 클릭한 후 원하는 도형을 삽입합니다. [도형 서식] 패널이 열리면 [채우기] 영역과 [선] 영역에서 각각 배경 컬러와 테두리 사용 여부를 결정합니다. 파워포인트에서 도형을 삽입하면 기본 값으로 배경 컬러와 실선 테두리가 적용되어 있습니다. [도형 서식] 패널이 열리지 않으면 도형에서 [마우스 우클릭] 후 [도형 서식]을 선택하면 됩니다.

프레젠테이션 디자인에서
지켜야 할 컬러 법칙

거저줄게
잘사가

컬러에 대한 기본 개념을 이해했는데도 왜 전체 디자인을 보면 심란해 보일까요?

비범한 츈

컬러 사용은 습관이 중요합니다. 컬러에 대해 기본적으로 이해했다면 이어서 컬러 사용 시 지켜야 할
기본 규칙을 살펴보세요. 컬러를 보는 눈이 조금은 달라질 거예요!

청중이 보기에 편해야 한다 ▼

컬러를 사용할 때 어떤 점을 가장 중요하게 생각해야 할까요? 이 질문에 대한 답을 얻으려면 다시 한
번 '우리는 왜 슬라이드를 디자인하는가?'를 생각해봐야 합니다. 프레젠테이션에서 디자인의 역할은
깔끔한 정리를 통해 청중에게 좀 더 좋은 인상을 남기고, 나아가 프레젠테이션에 대한 이해를 돕는
것입니다. 컬러 사용 역시 이러한 디자인의 목적에 부합해야 합니다. 휘황찬란하게 치장하는 것이 아
님을 염두에 둘 필요가 있습니다. 그렇다면 어떤 컬러를 사용해야 청중이 보기에 편할까요?

배경과 텍스트 컬러의 명도 차이를 높인다 앞서 언급했듯이, 텍스트 컬러와 배경 컬러는 서로 큰
영향을 끼칩니다. 배경과 텍스트 컬러의 명도 차이가 클수록 가독성이 좋아지고, 반대로 명도 차이가
적을수록 가독성이 떨어집니다. 당연한 이야기지만, 장식 요소로 사용하는 텍스트가 아닌 이상 가독
성을 확보하기 위해 배경과 텍스트 컬러의 명도 차이를 확실하게 구분하는 것이 좋습니다.

채도가 높은 컬러는 피한다 채도가 높은 컬러
끼리 조합하면 눈부심 현상이 생겨 가독성이 현
저하게 떨어지므로 피하는 것이 좋습니다.

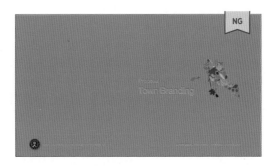

 슬라이드에 가장 많이 사용되는 컬러는 무채색이다 ▼

슬라이드에서 가장 많이 사용하는 컬러는 무엇일까요? 정확한 통계가 있는 것은 아니지만 필자의 경
험으로 비추어봤을 때 무채색 계열을 주로 사용합니다. 아무래도 유채색에 비해 무채색이 특별한 의
미를 내포하지 않으므로 다양한 주제에 활용할 수 있기 때문이라고 생각합니다. 또한 검은색 배경에
흰색 텍스트를 사용하거나 흰색 배경에 검은색 텍스트를 사용했을 때 명도 대비가 가장 뚜렷하여 쉽
게 가독성을 높일 수 있다는 장점도 한몫 했으리라 생각합니다.

∧ 흔하게 사용되는 배경과 텍스트 컬러 조합

무채색의 다양한 구분 흔히 무채색이라고 하면 흰색과 검은색만 떠올립니다. 하지만 무채색에는 흰
색과 검은색을 포함하여 그 사이에 무수한 회색 계열이 있습니다. 그러므로 무채색만 잘 조합해도 유
채색 못지 않은 다채로운 느낌을 연출할 수 있습니다.

∧ 무채색 스펙트럼

무엇보다 무채색 스펙트럼 양끝에 있는 검은색과 흰색을 사용한 슬라이드는 프레젠테이션 환경이 매우 어두울 때 청중의 눈을 부시게 할 수도 있습니다. 따라서 적당한 회색 계열을 활용하여 눈부심을 방지하고 좀 더 편안한 느낌을 연출하는 것이 좋습니다.

∧ 회색 계열 활용으로 눈부심을 방지할 수 있습니다.

유채색 포인트 컬러 무채색 계열의 컬러는 특별한 의미를 전달하지 않으므로 어떠한 주제에도 무난하게 사용할 수 있지만, 자칫 심심한 느낌을 줄 수 있습니다. 이럴 때 프레젠테이션 주제에 어울리는 유채색을 포인트 컬러로 사용하여 단조로움을 피할 수 있습니다.

∧ 제목 텍스트에 그라디언트를 사용하여 타이틀이 풍성해졌습니다.   ∧ 빨간색 포인트 컬러를 사용하여 단조로운 느낌을 피하였습니다.

 ## 세 가지 컬러로 6:3:1의 법칙을 적용한다 ▼

디자인에는 제한된 세 가지 컬러를 6:3:1 비율로 적용해서 사용하는 6:3:1의 법칙이 있습니다. 60%, 30%, 10%의 구분은 전체적인 디자인의 밸런스를 맞추는 데 가장 좋은 비율로 알려져 있으며, 이 법칙을 그대로 프레젠테이션 디자인에 적용해볼 수 있습니다.

각각의 슬라이드에서 6:3:1의 법칙을 적용해보면, 배경 컬러가 60%, 텍스트 컬러가 30%, 포인트 컬러가 10% 정도의 비율입니다. 그러므로 세 가지 컬러를 선택하여 각각 비율에 맞춰 배경, 텍스트, 포인트로 사용해주면 전체 프레젠테이션 디자인에서 컬러 사용의 밸런스를 맞출 수 있습니다.

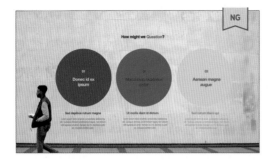

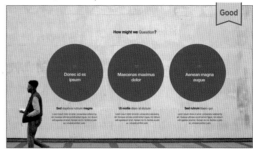

위 사례에서 NG 슬라이드에는 너무 많은 컬러가 사용되어 정신 없어 보입니다. Good 슬라이드 에서는 배경 컬러를 기준으로 어울리는 세 가지 컬러를 선정하여 각각 배경과 텍스트, 포인트에 활용하였습니다.

 6:3:1 컬러 배분

🎙 가장 무거운 컬러와 가벼운 컬러를 구분한다 ▼

컬러에도 무게감이 존재합니다. 이 무게감이 따라 슬라이드에서 어느 위치에 무게중심을 잡을지 결정할 수 있습니다. 컬러의 무게감은 톤에 의해 정해지는데, 상대적으로 톤이 높은 검은색이 가장 무거운 느낌을 줍니다.

그러므로 배경에 검은색 도형을 배치하여 무게중심을 변경할 수 있으며, 무게중심의 위치에 따라 전혀 다른 느낌을 연출할 수 있습니다. 대체로 아래쪽이 무거울수록 안정감이 느껴지고, 위쪽이 무거울수록 안정감은 떨어지지만 시선을 집중시킬 수 있습니다.

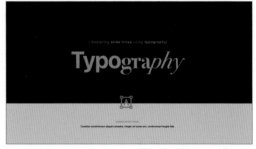

⌄ 무게중심이 아래에 있어 안정적인 느낌입니다.　　　　⌄ 무게중심이 위쪽에 있어 안정감은 떨어지지만 주목도가 높습니다.

전체 프레젠테이션에서 통일감을 유지한다 ▼

전체 프레젠테이션 디자인에 통일성을 주고자 할 때 가장 쉽게 맞출 수 있는 디자인 요소가 바로 컬러입니다. 각 슬라이드마다 규칙적으로 컬러를 사용함으로써 통일감을 부여하고 프레젠테이션의 아이덴티티를 확실하게 표현함으로써 전체 프레젠테이션 디자인의 완성도를 높일 수 있습니다.

⌃ 각 슬라이드에서 서로 다른 레이아웃을 사용했지만 동일한 배경 컬러를 사용하여 통일성을 갖추었습니다.

03

전체 분위기를 좌우하는
배경 컬러 선정하기

오드리될뻔 흰색이나 검은색 배경은 다소 밋밋해 보이고, 이미지를 사용하기에는 부담스럽습니다. 뭔가 색다른 배경은 없을까요?

비범한춘 배경에 유채색을 사용하거나 그라디언트를 사용하면 분위기가 확연하게 달라집니다. 사례를 통해 같은 콘텐츠가 배경에 따라 어떻게 달라지는지 확인해보세요.

가장 일반적인 배경, 흰색과 검은색 ▼

어디서나 흔히 보는 배경은 검은색, 흰색 혹은 회색으로 무채색 계열이 많습니다. 무채색 배경은 눈을 편안하게 하고, 무채색 배경에 놓인 콘텐츠로 시선을 집중시키는 효과가 있기 때문입니다. 프레젠테이션 디자인에서도 무채색 배경을 가장 많이 사용하기 때문에 키노트나 파워포인트를 실행하면 흰색 배경의 템플릿이 기본 값으로 설정되어 있습니다.

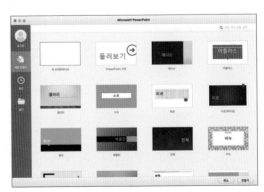

⌃ 키노트(좌)와 파워포인트(우)의 기본 제공 템플릿 화면

무채색 배경은 일반적으로 안정감을 주지만 단조로워 보인다는 단점도 있습니다. 그럼에도 메시지를 간결하고 명확하게 전달해야 하는 프레젠테이션이라면 무채색 배경을 사용하는 것이 가장 무난합니다. 무채색의 대표격인 흰색, 검은색, 회색은 저마다 조금씩 다른 느낌을 전달하므로 목적과 상황에 맞게 적절한 무채색을 선택하는 노하우가 필요합니다.

밝고 화사한 흰색 배경 흰색 배경은 전체적으로 밝고 환한 느낌이라 깔끔한 인상을 전달합니다. 또한 포인트로 사용한 컬러를 더욱 선명하게 드러낼 수 있습니다. 만약 프레젠테이션 환경이 다소 밝을 때 흰색 배경을 사용한다면 슬라이드의 경계가 자연스럽게 확장되어 보이는 효과를 낼 수 있습니다. 반대로 어두운 환경이라면 흰색의 밝은 슬라이드가 더욱 선명하게 보일 수 있습니다. 하지만 이 경우, 슬라이드의 사각형 경계가 도드라져 답답한 인상을 줄 수도 있습니다.

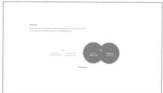

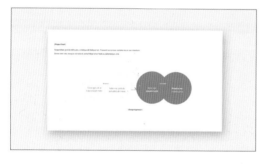
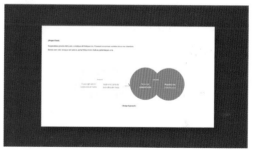

안정감 있는 검은색 배경 검은색 배경의 슬라이드는 무게감 있는 주제에 어울립니다. 또한 프레젠테이션 환경이 어두울수록 검은색 배경은 청중의 눈을 더 편안하게 하고, 슬라이드의 텍스트나 이미지로 시선을 더욱 집중시킬 수 있습니다. 반면 다소 밝은 환경이라면 검은색 슬라이드가 도드라져 보이면서 답답한 인상을 줄 수 있습니다.

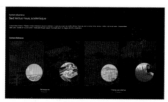

색다른 분위기를 연출하는 회색 배경 흰색과 검은색의 중간 정도 느낌인 회색 배경을 사용하면 흔한 흰색이나 검은색 배경에 비해 조금은 색다른 분위기를 연출할 수 있습니다.

춘's 컨설팅 슬라이드 종류에 따른 무채색 배경 사용

무채색 배경은 가장 일반적으로 사용하는 배경색입니다. 하나의 프레젠테이션 디자인에서 다음과 같이 슬라이드 종류에 따라 혼용할 수도 있습니다.

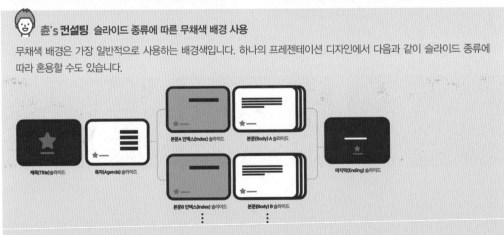

개성을 표현할 수 있는 유채색 배경 사용하기 ▼

프레젠테이션 디자인에서는 튀어 보이는 컬러 사용을 추천하지 않습니다. 하지만 명확하게 컬러가 연상되는 프레젠테이션이라면 주제에 어울리는 컬러를 의도적으로 사용하여 단조로움을 피하고 개성 있는 프레젠테이션 디자인을 완성할 수 있습니다.

⌃ 유채색 배경으로 기억에 남을 만한 개성 있는 디자인을 완성할 수 있습니다.

유채식 배경을 사용할 때 무엇보다 중요한 것은 프레젠테이션 주제에 부합하는지 여부입니다. 유채색을 사용하는 순간 시각적인 주목도가 높아지므로 청중이 이 배경 컬러의 사용을 충분히 납득할 수 있어야 합니다.

⌃ 소개하는 주제와 연관성이 전혀 없는 컬러를 사용하면 디자인 완성도가 떨어집니다.

춘's 컨설팅 슬라이드 종류에 따른 유채색 배경 사용

배경으로 사용할 컬러를 하나 정한 후 중요도가 다소 낮은 슬라이드에서 명도나 채도를 낮춘 배경 컬러를 사용해보세요. 다채로운 느낌과 함께 전체 흐름 속에서 중요도의 우선순위를 명확하게 표현할 수 있습니다.

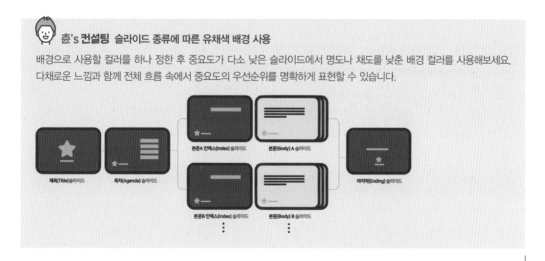

그라디언트(Gradient)는 두 가지 이상의 컬러를 대상으로 시작과 끝을 자연스럽게 조합하여 연출하는 방법이며, 오래전부터 유행한 그래픽 디자인 트렌드입니다. 그라디언트의 사전적 의미는 '경사도'인데, 여러 컬러의 경사도에 따라 밝은 부분부터 어두운 부분까지 농도의 단계가 정해집니다. 따라서 선택한 컬러들을 어떤 경사로 설정하느냐에 따라 전혀 다른 느낌의 분위기가 연출됩니다.

△ 애플 뮤직의 카테고리 이미지에 사용된 그라디언트

슬라이드 배경으로 그라디언트를 사용한다면 컬러에 대한 이해는 물론, 과하지 않고 자연스러운 그라디언트가 되도록 연습을 충분히 해야 합니다. 자연스럽게 이어지는 그라디언트라면 그 자체로 세련되고 중후한 느낌을 연출할 수 있지만, 컬러 배합이 어울리지 않거나 컬러의 개수가 너무 많으면 시선을 혼란스럽게 하는 부정적인 요소로 작용합니다.

△ Good 슬라이드는 본문과 잘 어울리는 그라디언트 배경을 적절히 사용하여 품격이 한층 높아졌습니다.

△ 다양한 스타일의 그라디언트 배경 슬라이드

슬라이드 배경에 그라디언트를 활용하는 방법은 크게 두 가지입니다.

그라디언트 직접 만들기 키노트나 파워포인트에는 슬라이드 배경이나 도형 등에 그라디언트를 쉽게 적용할 수 있는 기능이 포함되어 있습니다. 선형 또는 원형 그라디언트로 분류하고, 컬러와 컬러가 변경되는 위치 등의 세부 옵션을 변경하여 다채로운 그라디언트 배경을 완성할 수 있습니다.

\^ 선형 그라디언트

\^ 원형 그라디언트

\^ 선형 그라디언트가 적용된 슬라이드

\^ 원형 그라디언트가 적용된 슬라이드

그라디언트 배경 이미지 사용하기 자연스러운 그라디언트를 만드는 것은 생각보다 쉽지 않습니다. 그러므로 다른 사람이 잘 만들어놓은 그라디언트 배경 이미지를 찾아 내 슬라이드에 적용하는 것도 좋은 방법입니다. **Link** 다양한 그라디언트 배경 및 배경 조합을 참고할 수 있는 웹사이트는 **219쪽** 에서, 배경에 이미지를 사용하는 방법은 **130쪽** 에서 자세히 설명합니다.

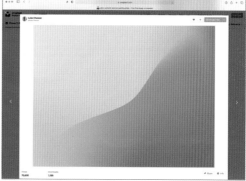

\^ Unsplash.com에서 'Gradeint'로 검색해 찾은 그라디언트 배경 이미지

그라디언트 배경으로 통일성을 유지하기 위해 모든 슬라이드에서 유채색의 화려한 그라디언트를 사용하면 본문에서 가독성 등의 문제가 생길 수 있습니다. 그러므로 포인트가 되는 표지, 잠시 쉬어갈 수 있는 인덱스 슬라이드 등에서는 유채색 그라디언트를 사용하고, 본문에서는 무채색 그라디언트를 사용하면 효과적입니다.

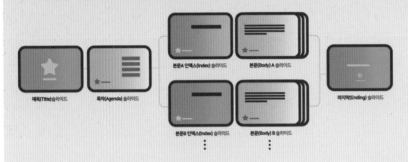

키노트 & 파워포인트 | 슬라이드 배경에 그라디언트 적용하기

- **키노트**: 슬라이드의 여백을 클릭한 후 [포맷] 패널에서 [배경] 옵션을 펼치면 배경을 어떻게 채울지 선택할 수 있습니다. 그중 다음 두 가지 방법으로 배경에 그라디언트를 채울 수 있습니다.

- 그라디언트 채우기: 두 가지 컬러를 지정하여 그라디언트를 만듭니다. 각도를 조절하여 다양하게 연출할 수 있습니다.
- 고급 그라디언트 채우기: 그라디언트 채우기보다 고급화된 기능을 제공하며, 두 가지 이상의 컬러 및 컬러 범위를 세밀하게 조정할 수 있습니다.

⌃ 선형 그라디언트   ⌃ 원형 그라디언트

- **파워포인트:** 슬라이드의 여백에서 [마우스 우클릭] 후 [배경 서식]을 선택합니다. [배경 서식] 패널이 열리면 [채우기] 옵션에서 [그라데이션 채우기]를 선택하고 [종류], [방향], [색] 등의 옵션을 적절하게 조절하여 그라데이션 배경을 완성합니다. 그라데이션 설정이 어려운 경우 [그라데이션 미리 설정] 옵션을 이용해 원하는 스타일을 선택하면 편리합니다.

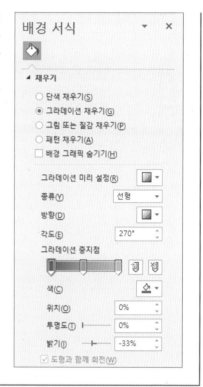

컬러의 힌트는
프레젠테이션 안에 있다

옥수수
콧수염차

컬러를 잘 사용하면 좋다는 것까진 알겠는데, 여전히 어떤 어떤 컬러를 써야 할지 모르겠어요. 그냥 확 튀는 빨간색으로 포인트를 줄까요?

비범한 춘

세상에 '그냥' 쓰는 컬러는 없어요. 우선 프레젠테이션 주제에서 유추할 수 있는 컬러가 있는지 고민해 보세요. 프레젠테이션 주제와 무관한 컬러를 사용하면 오히려 청중의 이해를 방해하는 요소가 될 수 있어요.

그 어디에도 그냥 사용된 컬러는 없다 ▼

주변을 한번 둘러보세요. 책상에 있는 소품, 음식 패키지 등 주변에 있는 어떤 것이라도 좋습니다. 각 아이템을 잘 살펴보면 대표하는 컬러를 포함하고 있습니다. '이 컬러는 어떻게 사용하게 되었을까?' 를 곰곰 생각해보면 상품명이 눈에 잘 띄게 하기 위한 배색, 제조사의 브랜드 컬러 적용처럼 기준이 있을 겁니다. 우리가 크게 애쓰지 않아도 이런 물건들을 인식할 수 있는 것은 각각의 '컬러'로 디자인 아이덴티티를 포함하고 있기 때문일 겁니다.

프레젠테이션 디자인에 사용한 컬러도 마찬가지입니다. 전체 배경 혹은 특정 슬라이드에 쓸 컬러는 주제에 부합하도록 사용하는 것이 좋습니다. 프레젠테이션 주제와 컬러가 조화로울 때 해당 슬라이

드에 대한 집중도를 높일 수 있고, 청중에게 의미
있는 슬라이드를 디자인할 수 있습니다.

>> 사용한 배경 컬러가 주제와 맥락에 잘 맞아 내용을 이해하는 데
도움을 줍니다.

 ## 프레젠테이션 주제에 어울리는 컬러 찾기 ▼

유명한 팝아티스트인 '키스 해링(Keith Haring)'의 작품 세계와 일대기를 살펴보는 프레젠테이션을
디자인한다고 가정해보겠습니다. 다음과 같은 과정을 거쳐 프레젠테이션 주제에 맞는 컬러를 찾고,
적용하는 방법을 살펴보겠습니다.

Step 01. 주제에서 연상할 수 있는 컬러 찾아보기 프레젠테이션 주제에서 연상할 수 있는 컬러를
찾는 가장 쉬운 방법은 기존 콘텐츠입니다. 즉, 슬라이드에 배치하기 위해 준비해놓은 이미지 콘텐츠
에서 가장 많이 사용되는 컬러를 확인해봅니다. 콘텐츠가 부족하다면 웹사이트에서 주제를 검색한 후
[이미지] 카테고리에서 관련 이미지를 보면서 컬러에 대한 힌트를 얻을 수 있습니다.

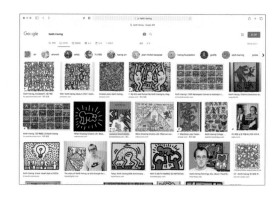

≪ 구글 검색으로 찾은 이미지들

Color Sample

≪ 컬러 힌트로 선정한 컬러 목록

Step 02. 배경, 텍스트, 포인트 컬러 선정하기 앞에서와 같이 컬러 목록을 뽑았다면, 그중에서 슬라이드의 배경 컬러, 텍스트 컬러, 포인트 컬러를 선정해야 합니다. 필요에 따라 컬러의 명도, 채도를 조정하여 유사 컬러를 사용할 수도 있습니다. 이번 프레젠테이션에서는 슬라이드에 작가의 작품 이미지가 많이 삽입될 수 있으므로, 작품에 대한 몰입도를 높이기 위해 원색은 최대한 자제하는 선에서 포인트 컬러를 사용하고, 배경은 흰색, 텍스트는 검은색으로 지정하였습니다.

Step 03. 6:3:1 법칙을 떠올리며, 슬라이드 내 컬러 비율 조절하기 최종적으로 선정한 컬러에 따라 슬라이드에 콘텐츠를 배치하고, 포인트 컬러를 적용합니다.

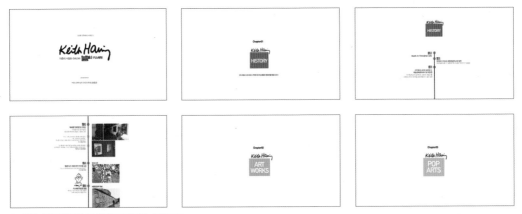

∧ 컬러 사용 비율을 잘 맞춰 디자인한 슬라이드

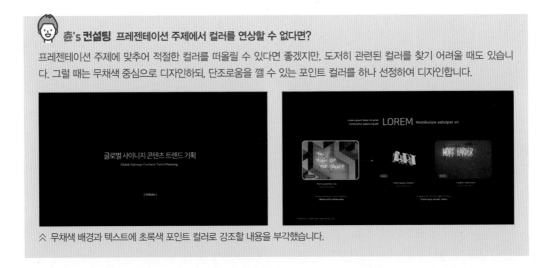

∧ 무채색 배경과 텍스트에 초록색 포인트 컬러로 강조할 내용을 부각했습니다.

기업이나 브랜드에 관련된 프레젠테이션에서는 사용해야 할 컬러가 정해져 있다고 봐도 무방합니다. 해당 기업이나 브랜드의 CI(Corporate Identity, 기업 이미지)에서 힌트를 얻을 수 있고, 해당 웹사이트를 방문해 주로 사용하고 있는 컬러들을 디자인에 적용하면 됩니다.

규모가 큰 회사일수록 CI에 기업 로고, 컬러, 서체 규정을 명확하게 공개하는 경우가 많으며, 대부분 웹사이트의 **[회사 소개]** 메뉴에서 확인할 수 있습니다. 일부 기업에서는 로고 파일을 다운로드할 수 있게 제공하기도 합니다.

⌃ 스타벅스(https://creative.starbucks.com)

⌃ 에어비엔비(https://airbnb.design/building-a-visual-language/)

⌃ 스타벅스를 주제로 디자인한 슬라이드

로고 파일을 다운로드했거나 웹사이트에서 주로 사용되는 컬러를 확인했다면 해당 컬러를 활용하여 슬라이드를 디자인하면 됩니다. 이때 좀 더 정확한 컬러를 사용하기 위해서는 키노트나 파워포인트에서 제공하는 스포이트 기능을 활용합니다.

- **키노트:** 컬러를 변경할 도형을 선택한 후 [포맷] 패널의 [스타일] 탭에서 [채우기] 옵션을 [색상 채우기]로 선택하고 [색상환] 아이콘을 클릭합니다. 다음과 같이 [색상 채우기] 창이 열리면 [스포이트] 아이콘을 클릭하고, 추출할 색이 있는 이미지 또는 웹사이트를 클릭합니다. 클릭한 지점의 컬러가 바로 도형에 적용됩니다.

- **파워포인트:** 도형을 선택한 후 [도형 서식] 탭 – [도형 스타일] 그룹에서 [도형 채우기] – [스포이트]를 선택하고 원하는 지점을 클릭해서 도형의 색을 변경합니다. 단, 파워포인트에서는 키노트와 달리 파워포인트 내에 있는 이미지의 컬러만 추출할 수 있습니다. 그러므로 추출할 컬러가 있는 이미지 등을 슬라이드에 배치한 후 사용해야 합니다.

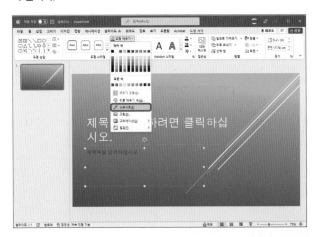

컬러 선택을 도와주는
웹 도구 활용하기

**나의라임
개쩌는나무**

컬러 관련 내용은 여러 번 반복해도 쉽게 감이 오지 않습니다. 저는 컬러에 대한 감각이 떨어지나봐요.

비범한 춘

사실 컬러는 기본 언어를 파악하더라도 다양한 경험이 쌓이지 않으면 제대로 활용할 수 없습니다. 요즘은 웹을 통해서 별도의 설치 없이 디자인에 어울리는 컬러를 추천해주는 곳이 많으니 경험이 쌓이기 전까지 이런 도구를 활용해보는 것도 좋습니다.

슬라이드 분위기를 키워드로 표현해서 컬러를 찾는다 ▼

어떤 컬러를 메인으로 사용할지 모르겠다면 프레젠테이션 주제에서 키워드를 생각해보고, 그 키워드가 갖는 분위기 등을 생각한 후 아래 추천 웹사이트에서 검색을 통해 어울리는 컬러를 찾을 수 있습니다.

Color Hunt https://colorhunt.co 'Neon', 'Vintage', 'Winter' 등 분위기를 표현하는 키워드로 검색하거나 왼쪽 카테고리에서 분류된 키워드를 선택하여 해당 느낌의 컬러 팔레트 목록을 확인할 수 있습니다. 팔레트 목록 중 하나를 클릭해서 선택하면 키노트나 파워포인트 등에서 적용할 수 있도록 Hex Code와 RGB 값을 제공합니다. 또한 이미지 파일로 다운로드해서 활용할 수도 있습니다.

Link Hex Code와 RGB 값 적용 방법은 **217쪽**을 참고하세요.

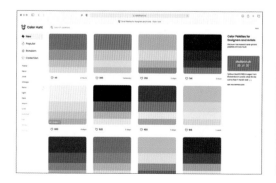

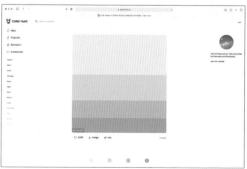

Adobe Color https://color.adobe.com/ko 포토샵으로 유명한 Adobe에서 서비스하는 Adobe Color는 방대한 컬러 팔레트를 추천해주는 서비스입니다. 상단 메뉴에서 [탐색]을 클릭하면 키워드를 입력해서 어울리는 컬러 코드를 확인할 수 있고, [트렌드]를 클릭하면 최신 컬러 트렌드를 확인할 수도 있습니다. Adobe Color에서도 다양한 방식으로 컬러 값과 이미지 파일을 제공합니다.

 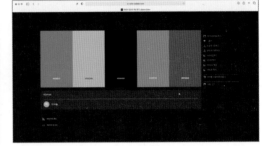

︿ [탐색] 메뉴에서 검색한 컬러 팔레트 목록과 상세 페이지

︿ [트렌드] 메뉴에서 컬러 트렌드를 보면 디자인 영감을 얻을 수 있습니다.

Adobe Color의 대표적인 장점 중 하나는 나만의 이미지 컬러를 생성할 수 있다는 점입니다. 키워드 검색으로 원하는 컬러 목록을 찾기 어려울 때 디자인에 사용할 이미지를 업로드하면 이미지를 기준으로 포인트가 될 수 있는 컬러를 추출하여 추천해줍니다. [생성] 메뉴를 클릭한 후 [테마 추출] 또는 [그레이디언트 추출]을 선택하고 이미지를 업로드하면 각각 단색 컬러 또는 그라디언트 컬러가 추출됩니다.

︿ [생성] 메뉴의 [테마 추출]과 [그레이디언트 추출]

Color Drop https://colordrop.io 네 가지 컬러를 하나로 묶은 팔레트를 랜덤으로 추천해줍니다. 오른쪽 위에 있는 브러시 모양 아이콘을 클릭한 후 배경 컬러를 선택해서 컬러 팔레트와 잘 어울리는지 확인할 수도 있습니다.

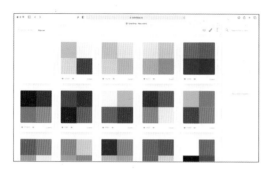 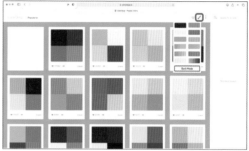

📊 키노트 & 파워포인트 | 컬러 값 활용하기 ▼

웹 컬러 선택 도구를 이용하면 Hex Code 혹은 RGB(Red, Green, Blue) 값 같은 컬러의 고유 번호를 확인할 수 있습니다. 이 고유 번호를 알면 대부분의 디자인 프로그램에서 같은 컬러를 사용할 수 있습니다.

• **키노트:** 컬러를 변경하려는 대상체(도형, 텍스트 등)를 선택한 후 [포맷] 패널의 [스타일] 탭(또는 [텍스트] 탭)에서 [채우기] 옵션의 [색상환] 아이콘을 클릭합니다. 색상 창이 열리면 두 번째에 있는 [색상 슬라이더] 탭을 클릭한 후 [16진수 색상]에 Hex Code를 입력하거나 RGB 값을 각각 입력합니다.

• **파워포인트:** 컬러를 변경하려는 도형이나 텍스트 등을 선택한 후 [홈] 탭에서 [도형 채우기](또는 글꼴 색)를 클릭한 후 [다른 채우기 색]을 선택합니다. [색] 창이 열리면 [사용자 지정] 탭에서 [육각] 옵션에 Hex Code를 입력하거나 RGB 값을 각각 입력합니다.

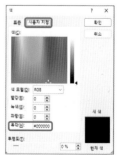

츈's 컨설팅 Adobe Color에서 텍스트 가독성 확인하기

프레젠테이션 디자인에서 가장 중요한 것은 각 슬라이드에서 사용된 텍스트의 가독성입니다. 이 가독성은 텍스트의 사이즈뿐 아니라 배경 컬러와 텍스트 컬러의 명도 대비를 적절히 사용했는지에 따라서도 결정됩니다. 그렇다면 텍스트 컬러와 배경 컬러의 명도 대비는 어느 정도가 좋을까요? 명도 대비를 이해하기 위해서 웹 접근성 가이드(WCAG, Web Content Accessibility Guidelines)를 참고해볼 수 있습니다. WCAG에서는 저시력자나 고령자 등도 내용을 인식할 수 있도록 콘텐츠와 배경 간의 명도 대비를 최소 3:1 이상으로 규정하고 있습니다.

⌃ 배경과 콘텐츠 간 명도 대비 비교

위 사례에서 왼쪽 이미지는 배경과 텍스트 컬러의 명도 대비가 15:1로 누구나 읽는 데 무리가 없지만, 오른쪽 이미지는 1.3:1로 매우 낮은 수준이라 가독성이 매우 떨어집니다. 그렇다면 이러한 명도 대비는 어떻게 확인할 수 있을까요? 앞서 소개한 Adobe Color를 이용하면 명도 대비를 확인하고, 가독성을 개선하기 위한 컬러 값도 추천받을 수 있습니다.

Adobe Color(https://color.adobe.com/ko/)에 접속하여 [생성] 메뉴를 클릭한 후 [접근성 도구]를 선택합니다. [텍스트 색상]과 [배경색]에 각각 디자인에 사용할 텍스트 컬러와 배경 컬러를 지정합니다. 사용한 컬러 값을 모를 때는 [색상 가져오기] 버튼을 클릭하여 이미지에서 컬러를 추출해서 사용하면 됩니다.

⌃ 직접 지정한 컬러는 1.4:1로 부적합 판정을 받았으며, 오른쪽에 있는 권장 사항 컬러를 적용했더니 4.98:1로 통과되었습니다.

위와 같이 지정한 컬러에 따라 명도 대비 값이 표시되고, 아이콘으로 가독성이 좋은지 좋지 않은지 표시되며, 동시에 가독성이 좋은 컬러 값을 추천해줍니다.

Adobe Color 이외에 다음과 같이 명도 대비가 좋은 컬러 조합을 추천해주는 웹 도구도 있습니다.

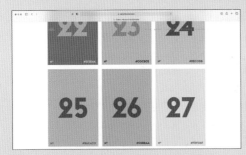 
⌃ Color Claim(https://vanschneider.com/colors)   ⌃ Hello Color (https://jxnblk.github.io/hello-color)

그라디언트 조합도 어렵지 않게 골라서 사용한다 ▼

여러 컬러를 조합하되 조화로워 보이기까지 해야 하는 그라디언트는 컬러에 대한 이해도가 높지 않으면 쉽게 도전하기 어렵습니다. 하지만 웹 도구를 활용하면 간단합니다.

Mesh Gradient Collection https://products.ls.graphics/mesh-gradients 다양한 컬러가 조합된 아름답고 멋진 그라디언트 100가지를 무료로 제공합니다. 단 ai, eps, jpg, png 형태의 이미지 파일로만 다운로드해서 사용할 수 있습니다.

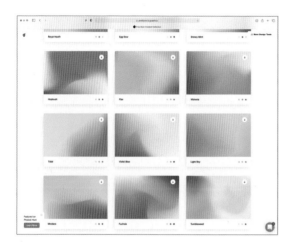

Unicorn Vector Gradients https://amritpaldesign.com/unicorn-vector-gradients 트렌디한 그라디언트 이미지 25가지를 ai, jpg 형태로 다운로드할 수 있습니다.

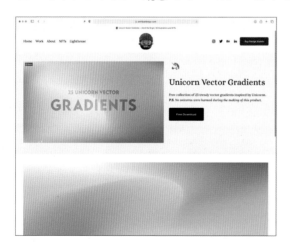

Gradients https://uigradients.com 접속할 때마다 랜덤으로 그라데이션을 보여줍니다. 좌우 화살표를 클릭해 새로운 조합을 확인할 수 있고, 마음에 드는 그라데이션 조합이 나오면 컬러 값을 확인하거나 이미지로 다운로드해서 사용합니다.

itmeo https://webgradients.com 180여 가지 그라디언트의 컬러 코드를 확인할 수 있으며, PNG로 다운로드하여 바로 활용할 수 있습니다.

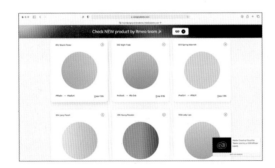

Cool Hue 2.0 https://webkul.github.io/coolhue 60여 가지의 자연스러운 그라디언트에 대한 컬러 코드를 확인할 수 있습니다. 이미지 섬네일에서 화살표 모양 아이콘을 클릭하여 PNG로 다운로드할 수 있습니다.

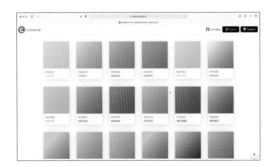

Eggradient https://www.eggradients.com 달걀 모양으로 그라디언트 컬러 샘플이 표시됩니다.

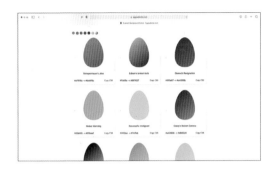

 이게 네가 원하는 컬러구나 ▼

사용자의 선호도에 따라 컬러를 추천해주는 웹 도구도 있습니다.

Palettable https://www.palettable.io 웹사이트에 접속한 후 제시된 컬러의 좋고(Like), 싫음 (Dislike)을 선택하면 그에 따라 5가지가 컬러를 추천해줍니다. 선택한 컬러 조합을 PNG 형태로 다 운로드할 수 있습니다.

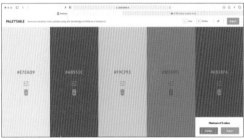

Color Space https://mycolor.space 한 가지 컬러 코드를 입력하면 그 코드와 어울리는 컬러 목록 을 추천해줍니다.

츈's 컨설팅 컬러 선택을 도와 주는 웹 도구는 아래 주소의 포스트를 통해 꾸준히 업데이트됩니다.
https://brunch.co.kr/@forchoon/475

프레젠테이션 디자인 **체크 리스트**

☑ **컬러를 설명하는 세 가지 기본 개념인 색상, 명도, 채도에 대해 이해하였나요?**

컬러는 인류와 오랜 시간을 함께했기 때문에 그 개념과 법칙에 대해 정의된 것들이 많습니다. 그중 대표적인 개념이
색상, 명도, 채도입니다. 흔히 컬러라고 하면 떠오르는 것이 색상, 어두움과 밝음을 구분하는 것이 명도, 탁하거나 선
명한 정도를 나타내는 것이 채도입니다.

☑ **청중이 보기에 편한(가독성이 좋은) 컬러를 사용하였나요?**

프레젠테이션 디자인에 사용하는 컬러는 휘황찬란한 치장을 위한 것이 아니라, 가독성을 높이기 위한 요소입니다.
그러므로 배경과 텍스트 컬러의 명도 차를 높이고, 높은 채도의 컬러는 피하는 것이 좋습니다.

☑ **슬라이드 본문에 사용된 컬러가 너무 튀지는 않나요?**

슬라이드에서 가장 많이 사용하는 컬러는 무엇일까요? 정확한 통계가 있는 것은 아니지만 경험상 무채색 계열을 주
로 사용합니다. 아무래도 유채색은 무채색에 비해 특별한 의미를 내포하는 경우가 많으므로 사용하는 데 제한이 있
기 때문이라고 생각합니다. 그렇다고 무채색만 사용하면 심심한 느낌을 줄 수 있으므로 프레젠테이션 주제에 어울
리는 유채색을 포인트 컬러로 적절히 사용하여 단조로움을 피하는 것이 요령입니다.

☑ **전체 프레젠테이션에 사용된 컬러들 간 통일감을 유지하였나요?**

각 슬라이드가 하나의 프레젠테이션 디자인처럼 보이도록 통일성을 가장 쉽게 부여할 수 있는 요소가 바로 컬러입
니다. 슬라이드마다 규칙적으로 컬러를 사용하여 통일감을 부여하고 프레젠테이션의 아이덴티티를 확실하게 표현
함으로써 전체 프레젠테이션 디자인의 완성도를 높일 수 있습니다.

글보다 더 빠른
이해를 위한
인포그래픽 활용의
모든 것

슬라이드에 인포그래픽이 필요한 이유와 인포그래픽의 종류

티끌모아
파산

프레젠테이션 주제를 좀 더 드라마틱하게 전달하는 방법에는 어떤 것이 있을까요?

비범한 춘

인포그래픽을 활용해보면 어떨까요? 얼핏 번거롭고 어려울 거 같지만, 도형을 이용하여 정보를 재구조화하는 정리 과정이에요. 우선 인포그래픽이 필요한 이유와 인포그래픽의 종류부터 살펴볼게요.

매력적인 정보 전달 방법, 인포그래픽 ▼

가끔 누군가에게 특정 상황에 대해 설명해야 할 때 보드나 노트에 간단한 도형과 선으로 스케치하면서 설명한 경험이 있을 겁니다. 이런 행위는 무의식 중에 자신이 알고 있는 정보를 재구조화하여 상대방이 이해하기 쉽도록 만드는 과정으로, 인포그래픽의 시작점이 될 수 있습니다. 즉, 인포그래픽은 설득하거나 정보를 전달할 때 좀 더 쉽게, 좀 더 오래 기억되도록 설명하는 과정이자 방법입니다.

△ 무의식 중에 사용했던 인포그래픽들

다. 이러한 인포그래픽은 정보(Information)와 그래픽(Graphic)의 합성어로, 텍스트 정보나 데이터 등을 정리된 시각적 언어로 표현하여 정보를 빠르고 쉽게 전달하기 위한 용도로 사용합니다.

다음 사례를 살펴보세요. Before 슬라이드는 핵심 메시지를 간결하게 표현했지만, 슬라이드에서 말하고자 하는 내용이 한눈에 보이지는 않습니다. 반면, After 슬라이드는 몇 가지 기본 도형을 활용하여 정보를 재정리하였습니다. 세대별 캐릭터 일러스트를 활용하여 내용을 확실하게 구분함으로써 전달하려는 내용이 눈에 더 잘 들어옵니다. 이처럼 적절히 사용된 인포그래픽은 부연 설명 없이도 정보를 빠르게 파악하도록 도우며, 비주얼적인 요소가 흥미를 유발하여 청중의 집중도를 높입니다.

 프레젠테이션 디자인에 사용할 수 있는 다양한 인포그래픽 ▼

프레젠테이션 디자인을 할 때 별도의 디자인 프로그램을 크게 활용하지 않고서도 누구나 사용할 수 있는 인포그래픽 종류로는 다이어그램, 픽토그램, 표, 그래프 등이 있습니다.

백 마디 말보다 하나의 다이어그램 다이어그램(Diagram)은 After 슬라이드와 같이 도형, 선, 점 등을 사용해 상호 관계나 과정, 구조 등을 이해시키는 설명적인 인포그래픽입니다. 핵심 메시지를 시각적으로 구조화하여 보여줄 수 있는 방법이기 때문에 프레젠테이션 디자인에서 가장 많이 사용되는 인포그래픽입니다.

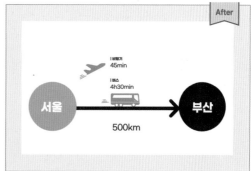

오른쪽 슬라이드에서는 프로젝트 진행 과정을 크게 두 가지로 나눌 수 있다는 점을 다이어그램으로 표현하였습니다. 중간에 있는 화살표는 시선을 자연스럽게 왼쪽으로 오른쪽으로 이동시킵니다. 또한 오른쪽 그룹에 포인트 컬러를 적용함으로써 오른쪽 과정이 더 중요한 정보임을 인식시키고 있습니다. Link 다이어그램 디자인 방법은 234쪽 에서 자세히 다룹니다.

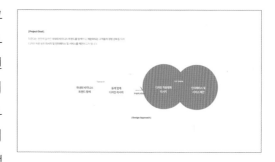

깔끔해 보이는 슬라이드의 비밀, 표 표는 선을 이용해 행과 열을 나누고 핵심적인 값만 보여주는 방법으로, 인포그래픽의 가장 기본적인 표현 방법 중 하나입니다. 청중은 표에서 행과 열에 맞춰 원하는 정보를 빠르게 찾을 수 있습니다.

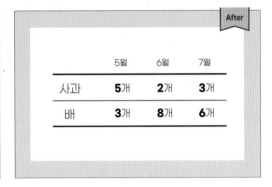

흔히 표는 숫자 데이터를 표현할 때 사용하는 것으로 인식할 수 있지만, 오른쪽 사례처럼 레이아웃을 정리하는 용도로도 사용합니다. **Link** 표 디자인은 243쪽에서 자세히 설명합니다.

⌃ 2개의 표를 사용하여 텍스트를 깔끔하게 정리한 슬라이드

슬라이드 속 소소한 재미, 픽토그램 픽토그램(Pictogram)은 그림을 뜻하는 픽토(Picto)와 전보를 뜻하는 텔레그램(Telegram)이 합쳐진 단어입니다. 용어의 의미에서 짐작할 수 있듯이 누가 보더라도 사물, 시설, 행위 등을 쉽게 파악할 수 있도록 만든 그림 문자입니다.

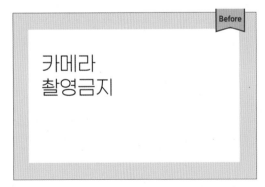

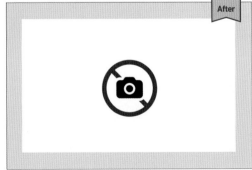

데이터를 생생하게 보는 방법, 그래프 그래프는 통계와 데이터가 포함된 슬라이드에 자주 등장하는 인포그래픽으로, 데이터 값 추세 가늠하기 등 좀 더 다각화된 정보를 청중에게 제공할 수 있습니다. 키노트나 파워포인트의 기본 기능으로 막대, 파이, 띠, 꺾은선 등 다양한 종류의 그래프를 사용할 수 있습니다.

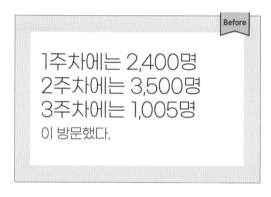
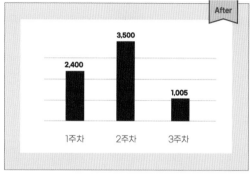

슬라이드에 그래프를 삽입할 때는 꼭 필요한 범례만 남기고, 데이터 역시 핵심 내용 위주로 표시하는 것이 좋습니다.

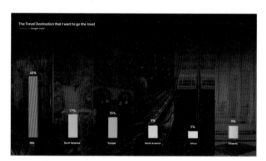

︿ 슬라이드에 삽입한 막대그래프

︿ 꺾은선그래프

지금까지 몇 가지 인포그래픽의 종류를 살펴보았습니다. 프레젠테이션 디자인을 할 때는 이 중 하나를 골라서 사용하는 것이 아니라 슬라이드 내용에 따라 적절한 인포그래픽을 활용합니다. 하나의 슬라이드 내에서도 다양한 인포그래픽을 조합해서 사용할 수 있습니다.

︿ 다이어그램과 표를 조합한 슬라이드

영국의 인포그래픽 전문 디자이너 데이비드 맥캔들리스
(David McCandless)가 설립한 웹사이트 'Information is
Beautiful(informaitionisbeautiful.net)'에서는 뉴스에서
생성되는 의미 있는 데이터를 인포그래픽으로 디자인하여 업
데이트하고 있습니다. 인포그래픽을 좀 더 다양하게 활용하
고 싶다면 한 번쯤 살펴보는 것도 좋습니다.

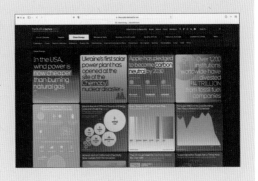

 키노트 & 파워포인트 | 슬라이드에 차트 그래프 삽입하기 ▼

- **키노트:** 상단 도구 막대에서 [차트]를 클릭한 후 [2D] 탭(평면) 또는 [3D] 탭(입체)에서 원하는 형태의 차트를
  삽입할 수 있습니다. 차트를 삽입한 후에는 [포맷] 패널에서 제목, 테두리, 범례 표시와 같은 차트 옵션과 도형
  의 컬러, 모양 등의 세부적인 디자인을 변경할 수 있습니다.

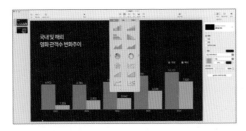
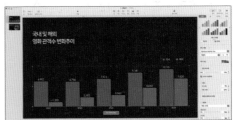

- **파워포인트:** [삽입] 탭 – [일러스트레이션] 그룹에서 [차트]를 클릭한 후 차트 삽입 창이 열리면 원하는 차트를
  선택해서 삽입합니다. 삽입한 차트를 선택한 후 [차트 디자인] 탭에서 요소 및 레이아웃, 차트 스타일 등을 변경
  할 수 있습니다.

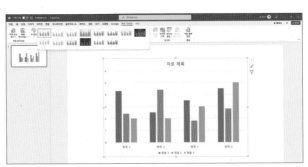

LESSON 02 좋은 다이어그램 디자인을 위한 5가지 가이드

빛과 송금
인포그래픽에 대해 알고 나니, 그중에서도 '다이어그램'을 가장 많이 사용하는 것 같네요! 혹시 다이어그램 디자인을 할 때 특히 준수해야 할 사항들이 있을까요?

비범한 쿤
맞습니다. 다이어그램은 슬라이드 내용을 좀 더 극적으로 보여준다는 장점이 있어 많이 사용하는 인포그래픽입니다. 본격적으로 다이어그램을 디자인하기에 앞서 이번에는 심플한 다이어그램 디자인을 위한 5가지 가이드를 소개해볼게요.

다이어그램을 사용하는 분명한 이유가 있어야 한다 ▼

잘 만들어진 다이어그램을 보면 슬라이드 내용을 모두 파악하지 않더라도 전달하고자 하는 핵심 메시지를 유추할 수 있습니다. 이런 다이어그램을 디자인하려면 해당 다이어그램으로 전달하고자 하는 메시지를 명확하게 알고 있어야 합니다. 다이어그램을 디자인하는 사람이 핵심 메시지를 알지 못한다면 다이어그램을 보는 청중도 명확한 의도를 알 수 없을 것입니다. 아래 사례를 살펴보겠습니다.

왼쪽 사례는 프로젝트 진행 프로세스를 삼각형 모양의 다이어그램으로 표현했습니다. 텍스트를 보지 않더라도 4단계로 분류된 무엇인가를 나타내고 있고, 핵심 메시지 혹은 최종 목표는 텍스트와 배경 컬러를 달리하여 차별화한 최상단임을 파악할 수 있습니다.

오른쪽 사례는 현재 위치에서 목적지까지 10분이면 충분하다는 내용을 설명하는 다이어그램입니다. 시작 지점과 끝 지점 간 거리를 최대한 가깝게 배치하고 선을 이용해 연결한 후 'Just 10min!'이라는 텍스트를 이용해 한 번 더 강조함으로써 매우 가깝다는 의미를 강조했습니다.

청중에게 흥미를 불러일으켜야 한다 ▼

슬라이드에 다이어그램을 포함하는 것만으로도 텍스트나 이미지로 구성한 슬라이드보다 이목을 집중시키기에 유리합니다. 이때 좀 더 확실하게 이목을 집중시키고 싶다면 다이어그램에 재미있는 스토리를 넣거나 맥락에 어울리는 픽토그램 또는 이미지 소스들을 추가합니다. 이렇게 하면 디자인 완성도가 높아지는 동시에 청중의 호기심을 더 자극할 수 있습니다.

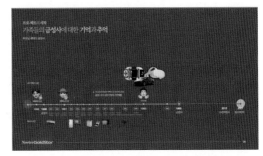

⌄ 픽토그램과 이미지를 활용한 다이어그램

시각적 흐름이 명확해야 한다 ▼

청중은 다이어그램에 나열된 정보들을 인식할 때 어떤 방향으로 정보를 볼 것인지 결정하게 됩니다. 슬라이드 정중앙부터 보기도 하고, 나열된 정보일 경우 왼쪽에서 오른쪽으로 시선이 자연스럽게 향하기도 합니다. 나열된 정보가 많은 다이어그램일수록 시각적인 흐름이 명확해야 합니다.

다이어그램에서 나열된 정보를 어느 방향부터 확인하느냐에 따라 이해도에 큰 차이를 보일 수 있으므로 다이어그램에 사용된 도형 간의 시각적 흐름이 청중에게 명확하게 인식되어야 합니다. 시각적 흐름을 명확하게 표현하기 위한 몇 가지 방법을 소개합니다.

숫자 활용 시각적 흐름을 가장 쉽게 표현하는 방법은 도형 위에 순서를 나타내는 숫자를 입력하는 것입니다. 청중은 자연스럽게 숫자를 따라 시선을 옮기게 됩니다. 기본적으로 나열형 다이어그램은 왼쪽에서 오른쪽으로 시선이 향하지만, 다음 사례에서는 숫자를 표기함으로써 시선의 방향을 더욱 명확하게 나타냅니다. Link 다이어그램의 종류에 대해서는 236쪽 에서 자세히 소개합니다.

대비되는 컬러 사용 두 번째 방법은 대비되는 컬러를 사용하여 시선의 시작점을 바꾸는 것입니다. 아래 사례에서 첫 번째 슬라이드는 자연스럽게 가운데에서 좌우로 시선이 흩어지고, 두 번째 슬라이드는 세 번째 도형부터 보게 됩니다.

화살표 사용 다이어그램에서 가장 친절하고 명확한 시선 처리는 화살표를 활용하는 것입니다. 선이나 도형으로 화살표를 만들어서 적재적소에 배치하면 청중은 화살표를 따라 자연스럽게 시선을 옮깁니다.

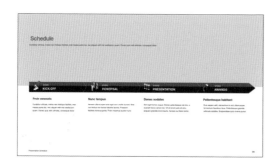

화살표를 사용하면 다른 방법에 비해 다양한 방향으로 시선을 유도할 수 있습니다. 화살표 방향은 크게 순방향, 역방향, 바깥 방향, 안쪽 방향으로 구분할 수 있습니다.

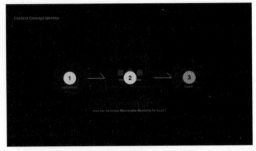

︿ 순방향: 왼쪽에서 오른쪽 순서로 정보를 인지합니다. 가장 일반적이며, 순차적인 정보를 설명할 때 효과적입니다.

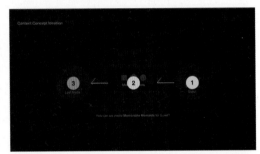

︿ 역방향: 오른쪽에서 왼쪽 순서로 정보를 인지합니다. 현재에서 과거로 돌아가는 순서의 다이어그램에 적합합니다.

︿ 바깥 방향: 가운데를 인식한 후 양쪽으로 시선이 분산됩니다. 어떤 사건으로 인해 발생한 결과가 양옆에 배치됩니다.

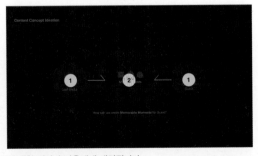

︿ 안쪽 방향: 양옆을 인식한 후 가운데로 시선이 향합니다. 양옆의 원인에 대한 결과가 가운데에 배치됩니다.

비교 데이터에서는 크기 대비를 사용한다 ▼

데이터와 같은 수치 값이 포함되는 다이어그램이라면 도형의 크기를 조정하여 값의 차이를 표현할 수 있습니다. 크기가 명확하게 비교될수록 청중은 데이터 차이를 확실하게 인식할 수 있습니다.

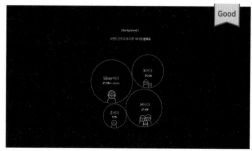

∧ Good 슬라이드에서는 세대별 점유 현황을 원의 크기로 한눈에 파악할 수 있습니다.

 ## 과하지 않게 디자인한다 ▼

다이어그램을 배치하는 것만으로도 청중의 시선을 끌기에 충분합니다. 그러므로 좀 더 시선을 집중시키려는 욕심으로 화려한 컬러나 스타일을 적용하기보다 메시지에 집중할 수 있도록 심플하고 담백하게 디자인하는 것이 좋습니다.

∧ 다이어그램 디자인이 과하면 오히려 청중의 시선을 분산시키고 집중도를 떨어뜨릴 수 있습니다.

다이어그램 제작 흐름과 패턴 그리고 도형

6시 내고양이

그나마 간단해 보이는 다이어그램이었는데 막상 사용하려고 하니 막막하네요···

비범한 츈

다이어그램 사용이 처음이라면 조금 생소할 수 있어요. 하지만 걱정할 필요는 없습니다. 자주 사용되는 디자인 패턴이 있으니, 그 패턴을 익히면 다양한 다이어그램에 활용할 수 있답니다. 이번 시간에는 다이어그램 제작 과정부터 천천히 살펴볼게요.

다이어그램의 제작 흐름 살펴보기 ▼

프레젠테이션 디자인에 사용되는 다이어그램은 슬라이드를 단순히 예쁘게 꾸미려는 것이 아닙니다. 다이어그램만 보아도 정보가 체계적으로 이해되어야 합니다. 즉, 다이어그램을 통해 청중에게 무엇을 전달하고 싶은지 명확하게 고민하고 디자인해야 합니다. 일반적인 다이어그램 제작 과정은 아래와 같습니다.

- Step 01. 청중에게 전달하고자 하는 메시지(또는 키워드)를 제대로 이해한다.

- Step 02. 핵심 메시지(키워드)만 남기고 불필요한 요소는 과감하게 삭제한다.

- Step 03. 도형을 이용하여 핵심 메시지(키워드)를 보기 좋게 레이아웃한다.

- Step 04. 레이아웃, 타이포그라피, 컬러 챕터에서 배운 노하우로 시각화한다.

위 과정에 따라 다음과 같은 슬라이드 내용을 다이어그램으로 표현한다고 가정하고 좀 더 자세히 살펴보겠습니다.

Step 01. 청중에게 전달하고자 하는 메시지 이해하기 우선 슬라이드에 정리된 내용을 정확히 파악해야 합니다. 그런 다음 이해한 내용을 바탕으로 청중에게 전달할 핵심 메시지를 뽑고, 어떻게 도식화하면 좋을지 아이디어를 떠올려봅니다.

Step 02. 불필요한 요소 삭제하기 핵심 메시지를 정리한 후 불필요한 정보들은 과감하게 삭제합니다. 예시 슬라이드의 내용은 오른쪽과 같이 두 가지 핵심 메시지로 표현할 수 있습니다.

Step 03. 도형으로 핵심 메시지(키워드)지 표현하기 키노트나 파워포인트에 있는 기본 도형 및 선 기능을 적극적으로 활용하여 핵심 메시지를 다이어그램화합니다. 필요에 따라 하나의 슬라이드에 있던 내용이라도 핵심 메시지별로 슬라이드를 나눠서 표현할 수 있습니다.

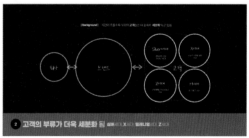

Step 04. 보기 좋게 시각화하기 정리된 다이어그램에 지금까지 배운 디자인 이론을 반영하여 보기 좋게 시각화합니다. 중요도에 따라 도형의 크기 및 컬러를 변형하여 강조할 수 있습니다. 오른쪽 슬라이드에서는 세대를 구분하는 픽토그램을 함께 사용하여 시각적 효과를 더했습니다.

다이어그램에는 기본 패턴이 있다 ▼

다이어그램을 구성하는 다양한 디자인 패턴을 미리 알아놓으면 정보를 시각화하기가 쉽습니다. 슬라이드에 배치해야 할 정보가 많아 다이어그램으로 제작하기가 어려울 때 아래의 디자인 패턴을 바탕으로 정보들을 재정리해볼 수 있고, 익숙해지면 다른 디자인으로 응용할 수 있습니다. 다이어그램을 표현하는 대표적인 디자인 패턴으로는 나열형, 방사형, 순환형, 계층, 중첩형이 있습니다.

나열형 왼쪽에서 오른쪽으로 정보가 순차적으로 배치되는 패턴입니다. 정보가 순서대로 나열되는 상황에 적합하며, 일반적으로 많이 사용하는 다이어그램입니다.

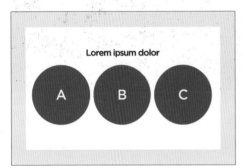

⌃ 나열형 패턴과 나열형으로 디자인한 슬라이드

방사형 외부에서 중심으로 모아지거나, 반대로 중심에서 외부로 퍼져나가는 형식의 정보에 적합합니다.

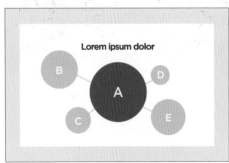

⌃ 방사형 패턴과 방사형으로 디자인한 슬라이드

순환형 정보가 순환하는 구조일 때 사용합니다.

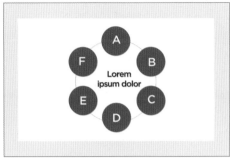 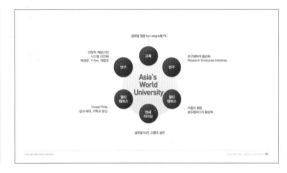

⌄ 순환형 패턴과 순환형으로 디자인한 슬라이드

계층형 회사 조직도와 같이 정보의 계층을 보여줄 때 적당합니다.

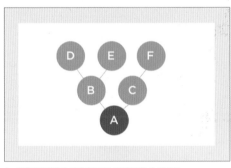 

⌄ 계층형 패턴과 계층형으로 디자인한 슬라이드

중첩형 나열형에서 조금 변형된 형태로 다이어그램을 중첩하여 보여줍니다. 성격이 비슷한 정보를 설명할 때 용이합니다.

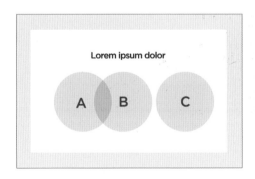 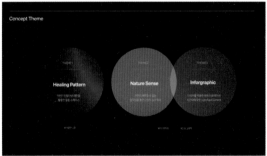

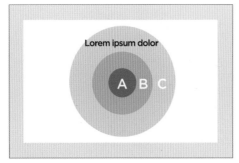

⌃ 중첩형 패턴과 중첩형으로 디자인한 슬라이드

 츈's 컨설팅 세상 모든 명사의 픽토그램

키노트나 파워포인트에서 기본으로 제공하는 픽토그램
으로도 충분하지만 이것들이 마음에 들지 않는다면 The
Noun Project(https://thenounproject.com/)에서 원
하는 픽토그램을 검색하여 사용할 수 있습니다. 단, 사용 범
위와 목적에 따라 상업적 사용 등에 제한이 있을 수 있으므
로 반드시 확인한 후 사용하는 것이 좋습니다. **Link** 키노트
나 파워포인트에서 제공하는 픽토그램 사용 방법은 **241쪽**을 참
고하세요.

⌃ https://thenounproject.com

The Noun Project에는 전 세계 디자이너가 제공한 300만 개 이상의 픽토그램이 있습니다. 기본으로 제공되는 Black
& White 테마에서는 고화질 픽토그램을 png 형태로 다운로드하여 디자인에 사용할 수 있습니다.

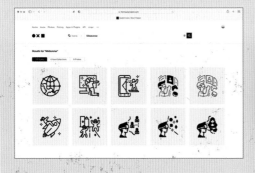

청중의 시선을 유도하는 화살표

다이어그램을 디자인할 때 도형과 함께 사용하는 화살표는 나열된 정보들 간 시선의 흐름을 자연스
럽게 유도합니다. 이 화살표가 마지막으로 향하는 곳에 다이어그램의 핵심 메시지가 놓이는 경우가
많습니다.

∧ 시선이 자연스럽게 왼쪽에서 오른쪽으로 향합니다.   ∧ 시선이 자연스럽게 가운데로 쏠립니다.

 기본 도형의 형태에 따라 다이어그램의 분위기가 달라진다 ▼

다이어그램은 키노트나 파워포인트에서 제공하는 도형, 선(화살표), 아이콘 등의 조합으로 만들 수 있습니다. 이때 옵션 값을 달리하여 전혀 다른 느낌의 디자인을 연출할 수 있습니다.

면 스타일 vs. 선 스타일 도형은 일반적으로 원형과 사각형을 주로 사용하며, 도형에 색상을 채운 면 스타일과 테두리를 표현한 선 스타일로 구분해서 사용할 수 있습니다. 면 스타일을 사용했을 때 좀 더 무게감이 느껴지며, 선 스타일을 사용하면 깔끔하고 세련된 느낌이지만 다소 가벼워 보일 수 있습니다. 각 스타일의 특징을 살려 면 스타일과 선 스타일을 조합해서 디자인할 수도 있습니다.

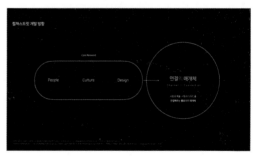

∧ 면 스타일 다이어그램   ∧ 선 스타일 다이어그램

∧ 면 스타일과 선 스타일을 조합한 다이어그램

실선 vs. 점선 직선 혹은 화살표를 사용할 때 흔히 실선만 떠올리는 경우가 많습니다. 하지만 선을 그린 후 옵션에서 두께부터 선의 종류까지 다양한 형태로 변경할 수 있습니다. 무엇보다 선 두께를 적절히 조절함으로써 전혀 다른 느낌을 연출할 수 있으므로, 핵심 메시지에 방해되지 않도록 적당한 두께로 조절해서 사용하는 것이 좋습니다.

︿ 선이 지나치게 시선을 끌지 않도록 두께를 조절해서 사용해야 합니다.

픽토그램 활용 도형과 텍스트만으로 구성했을 때 다소 심심함이 느껴진다면 픽토그램으로 감성을 더할 수 있습니다. 이때 픽토그램이 지나치게 시선을 끌지 않도록 하는 것이 좋으며, 무엇보다 텍스트와 맥락에 맞는 픽토그램을 골라서 사용해야 합니다.

︿ 맥락에 맞지 않는 픽토그램은 역효과를 낼 수 있으니 주의해야 합니다.

키노트

- **도형 삽입 및 스타일 변경:** 상단 도구 막대에서 [도형]을 클릭한 후 [기본] 분류에서 원하는 도형을 선택하여 삽입할 수 있습니다. 도형을 삽입한 후 [Shift]를 누른 채 조절점을 드래그하면 정비례로 크기를 조절할 수 있으며, [command]를 누른 채 드래그하여 회전시킬 수 있습니다.

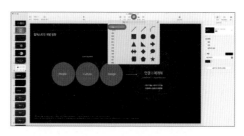

이후 오른쪽에 있는 [포맷] 패널의 [스타일] 탭에서 [채우기] 옵션과 [테두리] 옵션을 조절하여 면 스타일과 선 스타일을 설정할 수 있습니다.

- **픽토그램 삽입:** 키노트에서는 다양한 픽토그램을 제공하며, 삽입 방법은 도형과 유사합니다. 상단 도구 막대에서 [도형]을 클릭한 후 [기본] 이외에 나머지 분류를 각각 선택해보면 다양한 픽토그램을 확인할 수 있습니다. 픽토그램 역시 도형과 같은 개체로 인식되므로 크기나 컬러를 자유롭게 변경할 수 있습니다.

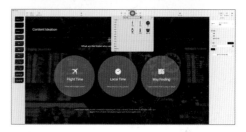

- **선 스타일 설정:** 선은 도형의 일종으로 도구 막대에서 [도형]을 클릭한 후 [기본] 분류에서 선택할 수 있습니다. 선을 삽입한 후에는 [포맷] 패널에 있는 [스타일] 탭에서 선의 종류 및 컬러, 두께를 설정합니다. 그리고 [끝점] 옵션에서 화살표 혹은 원점 모양 등으로 변경할 수도 있습니다.

 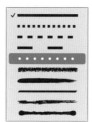

파워포인트

- **도형 및 선 삽입 후 스타일 변경**: [홈] 탭 – [그리기] 그룹에서 [도형]을 클릭한 후 원하는 도형이나 선을 선택합니다. 슬라이드에서 드래그하여 원하는 크기로 삽입할 수 있습니다. 삽입한 선이나 도형을 선택한 후 [도형 서식] 탭을 클릭하면 다양한 옵션을 변경할 수 있습니다. 대표적으로 [도형 채우기]와 [도형 윤곽선] 옵션을 이용해 면 스타일과 선 스타일을 결정할 수 있습니다.

- **픽토그램 삽입**: [삽입] 탭 – [일러스트레이션] 그룹에서 [아이콘]을 클릭하면 다음과 같은 팝업 창이 열리며, 분류에 따라 수많은 픽토그램을 선택해서 삽입할 수 있습니다. 파워포인트는 키노트보다 적은 양의 픽토그램 라이브러리를 제공합니다.

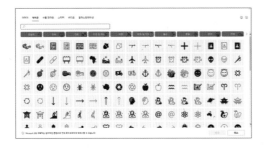

LESSON 04
내가 만든 표만 보면 가슴이 답답해지는 이유

마틸린몽룡

> 표도 인포그래픽의 하나라니… 처음 알았어요. 표도 디자인해야 하나요?

비범한 춘

> 표는 메시지를 체계적으로 정리할 때 매우 효과적인 인포그래픽입니다. 그렇다고 기본 형태를 그대로 사용하면 답답해 보일 수 있어요. 표에 있는 테두리 선을 변형하여 표에 대한 인상을 바꿔줄 필요가 있습니다.

심플한 표 디자인의 시작, '선'을 최소한으로 사용한다 ▼

표의 사전적 의미는 "어떤 내용을 일정한 형식과 순서에 따라 보기 쉽게 나타낸 것"입니다. 즉, 세로 선과 가로선들로 구성된 표 안에 핵심 메시지나 데이터 값을 집어넣어 청중에게 쉽게 보여주는 것이라고 할 수 있습니다.

'표' 하면 떠오르는 가장 기본적인 형태는 세로선과 가로선으로 빽빽하게 그려진 상태일 겁니다. 하지만 이런 선들은 표가 복잡하고 답답해 보이는 가장 큰 이유 중 하나입니다. 그러므로 표의 기본 형태를 헤치지 않는 선에서 가로선과 세로선을 최소한으로 사용한다면 더욱 깔끔하고 보기 좋은 표를 디자인할 수 있습니다. 다음 사례를 살펴봅시다.

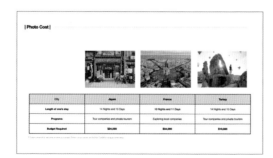

앞에서 왼쪽 슬라이드의 표는 가장 기본적인 형태로, 항목 간 구분이 확실해 보입니다. 누가 봐도 '이 것은 표다!'라고 생각할 겁니다. 하지만 표 안의 핵심 내용에 비해 표 자체가 눈에 띄어 표 역할을 제 대로 수행한다고 보기 어렵습니다.

반면 오른쪽 슬라이드의 표는 세로선을 모두 삭제하고 얇은 가로선만 사용하여 표를 디자인했습니 다. 왼쪽 슬라이드에 비해 표 자체보다는 표에 담긴 메시지에 좀 더 집중할 수 있으며, 디자인적으로 도 훨씬 깔끔해서 보기 좋습니다.

이 사례에서 보듯이 표에서 선을 사용하면 항목 간 경계를 명확하게 구분할 수 있으나, 그 선들 때문에 중요한 내용이 제대로 보이지 않을 수 있 으므로 선을 사용할 때는 주의해야 합니다.

≫ 가로선과 세로선을 모두 감추서 마치 선이 없는 것처럼 표를 디 자인할 수도 있습니다.

표의 첫인상을 결정하는 선 스타일 ▼

표의 기본은 선이기 때문에 선을 어떻게 설정하느냐에 따라 다양한 형태의 표로 디자인할 수 있습니 다. 선 사용에 따른 다양한 형태를 미리 파악해놓으면 콘텐츠에 따라 어떤 형태의 표로 디자인할지 판단하는 데 도움이 됩니다.

세로선과 가로선 유무에 따른 표 스타일

전체적으로 가로선과 세로선을 사용하면 폐쇄적인 느낌이 들기 때문에 일부만 사용 하여 개방감을 표현할 수 있습니다.

Service	Charge	Save	Storage
Individual	$14.95/mo	$6	50GB
Family	$19.95/mo	$8	200GB
Premier	$29.95/mo	$25	2TB

Service	Charge	Save	Storage
Individual	$14.95/mo	$6	50GB
Family	$19.95/mo	$8	200GB
Premier	$29.95/mo	$25	2TB

Service	Charge	Save	Storage
Individual	$14.95/mo	$6	50GB
Family	$19.95/mo	$8	200GB
Premier	$29.95/mo	$25	2TB

Service	Charge	Save	Storage
Individual	$14.95/mo	$6	50GB
Family	$19.95/mo	$8	200GB
Premier	$29.95/mo	$25	2TB

Service	Charge	Save	Storage
Individual	$14.95/mo	$6	50GB
Family	$19.95/mo	$8	200GB
Premier	$29.95/mo	$25	2TB

Service	Charge	Save	Storage
Individual	$14.95/mo	$6	50GB
Family	$19.95/mo	$8	200GB
Premier	$29.95/mo	$25	2TB

선의 굵기, 종류에 따른 표 스타일 선의 굵기를 달리하거나 실선과 점선을 함께 사용함으로써 제목 행이나 열 구분을 분명하게 할 수 있습니다. 단, 지나치게 눈에 띄는 굵은 선은 사용하지 않는 것이 좋습니다.

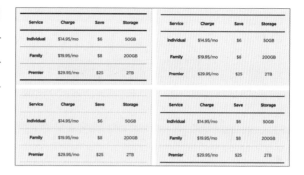

면 처리에 따른 표 스타일 표의 각 칸 혹은 특정 행이나 열 전체 영역에 채우기 색을 달리하여 면을 구분하면 가독성을 높여서 명확한 정보 제공이 가능해집니다.

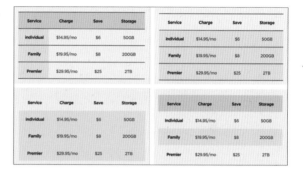

키노트 & 파워포인트 | 표를 만드는 두 가지 방법 ▼

슬라이드에 표를 삽입할 때는 기본으로 제공하는 표 기능을 이용해도 되지만, 좀 더 다양한 형태의 표를 디자인하려면 선과 같은 기본 도형을 활용합니다.

키노트

- **표 기능 사용하기:** 상단 도구 막대에서 [표]를 클릭한 후 원하는 기본 스타일을 선택해서 표를 삽입할 수 있습니다. 표를 삽입한 후에는 [포맷] 패널의 [표 윤곽] 옵션을 이용해 가장 바깥쪽 테두리 선을 변경할 수 있으며, [격자선] 옵션을 이용해 안쪽에 있는 가로선과 세로선 사용 여부를 결정할 수 있습니다.

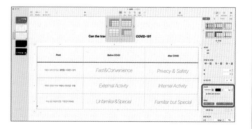

- **도형 기능 사용하기:** 키노트에서 제공하는 기본 선을 이용해 표를 직접 그릴 수 있습니다. **Link** 선이나 도형 삽입 방법은 **241쪽**을 참고하세요.

도형 기능을 이용하는 가장 기본적인 방법은 직선을 그린 후 행 또는 열 개수에 맞춰 다음과 같이 직선을 복제해서 배치하는 것입니다. 직선을 하나 그린 후 option 을 누른 채 드래그해서 선을 복제할 수 있으며, 드래그하는 중에 Shift 를 추가로 누르면 수평으로 복제할 수 있어 편리합니다. 복제한 직선들의 간격이 맞지 않으면 직선을 모두 선택한 후 [포맷] 패널의 [정렬] 탭에 있는 옵션을 이용해서 조절할 수도 있습니다.

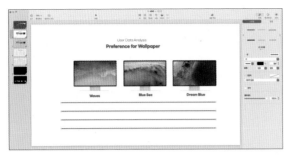

원하는 스타일로 표의 형태를 완성했다면 상단 도구 막대에서 [텍스트]를 클릭한 후 텍스트 상자를 이용해 표 내용을 입력합니다.

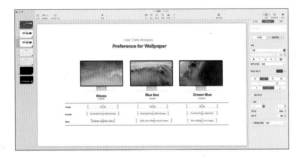

파워포인트

- **표 기능 사용하기:** [삽입] 탭 – [표] 그룹에서 [표]를 클릭한 후 사용할 만큼 행열을 드래그하여 표를 삽입합니다. 표를 삽입한 후에는 [테이블 디자인] 탭에서 테두리나 채우기 색 등을 변경하고, [레이아웃] 탭에서 구조를 변경합니다.

- **도형 기능 사용하기:** 파워포인트에서 제공하는 기본 선을 이용해 표를 직접 그릴 수 있습니다. Link 선이나 도형 삽입 방법은 242쪽을 참고하세요.

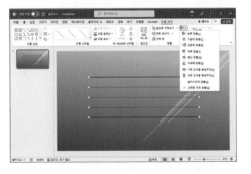

선을 그릴 때 Shift를 누른 채 드래그하면 손쉽게 수직/수평으로 직선을 그릴 수 있으며, 하나의 가로선/세로선을 그린 후 Shift+Ctrl을 누른 채 드래그하면 수평으로 복제해서 배치할 수 있습니다. 필요한 만큼 직선을 그린 후 직선을 모두 선택하고 [도형 서식] 탭을 클릭하면 [정렬] 기능을 이용해 직선의 간격이나 위치를 조절할 수 있습니다. 표 구조를 완성했다면 [삽입] 탭 – [텍스트] 그룹에서 [텍스트 상자] 기능을 이용하여 내용을 입력합니다.

표의 컬러는 무채색 계열이 좋다 표 자체의 컬러가 너무 화려하면 표에 담긴 메시지보다 강조될 수 있으므로 무난하게 무채색을 사용하는 것이 좋습니다. 선이 시각적으로 강하게 보이지 않도록 만드는 것이 표 디자인의 핵심입니다. 슬라이드 배경과 유사한 컬러를 사용하거나 선 자체의 투명도를 조정하여 슬라이드 배경과 자연스럽게 어우러져 보이도록 연출하는 것도 좋습니다.

⌄ 무채색 컬러가 적용되어 무난해 보이며 표에 담긴 내용에 집중할 수 있습니다.

강조 포인트가 있는 면에 컬러를 적용한다 표에서 강조할 텍스트나 데이터가 있다면 텍스트 크기를 조절하거나 해당 칸 혹은 해당 행이나 열을 컬러로 채웁니다.

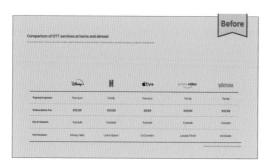
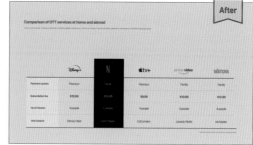

⌄ After 슬라이드에서 세 번째 열을 컬러로 채우고, 가독성을 높이기 위해 텍스트 컬러까지 변경하여 강조했습니다.

항목이 많을수록 영역을 확실하게 구분한다 입력할 항목이 많은 표라면 정보가 잘 이해되도록 항목과 항목 사이를 확실하게 구분해줍니다. 이때 항목 구분이 여러 단계라면 항목 단계에 따라 선의 굵기를 조절하여 명확하게 분류해주는 것이 좋습니다.

⌄ 선의 굵기와 길이 등을 이용해 항목 구분을 명확하게 할수록 핵심 메시지를 분명하게 전달할 수 있습니다.

텍스트 정렬 방법을 결정한다 표에 텍스트나 데이터 값을 입력할 때 어느 방향으로 정렬하느냐에 따라 표의 인상이 좌우되기도 합니다. 흔히 가운데로 정렬하지만, 텍스트의 길이나 입력하는 값의 종류 등에 따라 오른쪽 정렬 혹은 왼쪽 정렬을 사용할 수도 있습니다.

⌃ 텍스트를 정렬하는 방법에 따라 표의 인상이 달라질 수 있습니다.

📝 프레젠테이션 디자인 **체크 리스트**

☑ **텍스트를 대체할 수 있는 다양한 인포그래픽 종류를 파악하였나요?**

프레젠테이션 디자인을 하면서 키노트나 파워포인트만으로 누구나 사용할 수 있는 인포그래픽에는 다이어그램, 픽토그램, 표, 그래프 등이 있습니다.

☑ **다이어그램으로 전달하려는 내용을 명확하게 파악하고 있나요?**

잘 만들어진 다이어그램은 빠르게 핵심 메시지를 유추하는 데 도움이 됩니다. 그러므로 다이어그램을 디자인하려면 다이어그램으로 전달하고자 하는 메시지를 명확하게 알고 있어야 합니다.

☑ **다이어그램의 시각적인 흐름이 명확한가요?**

다이어그램에 나열된 정보가 많을 때 시각적 흐름이 명확하지 않다면 오히려 내용 파악이 더 어려워질 수 있습니다. 그러므로 정보가 많은 다이어그램일수록 시각적인 흐름을 명확하게 표시하는 것이 좋습니다.

☑ **다이어그램의 다양한 기본 패턴을 파악하였나요?**

다이어그램을 구성하는 다양한 디자인 패턴을 미리 알아놓으면 정보를 시각화하기가 용이합니다. 다이어그램을 표현하는 대표적인 디자인 패턴으로는 나열형, 방사형, 순환형, 계층형, 중첩형이 있습니다.

☑ **표 디자인에서 선은 최소한으로 사용하였나요?**

가장 기본적인 형태의 표에서 세로선과 가로선 중 일부만 생략하여 훨씬 깔끔하고 보기 좋은 표를 디자인할 수 있습니다. 그러므로 표의 기본 형태를 헤치지 않는 선에서 가로선과 세로선을 최소한으로 사용하는 것이 좋습니다.

잘 쓰면 약,
못 쓰면 독이 되는
애니메이션 & 동영상

01

프레젠테이션에
움직임이 필요한 이유

**아무리생강캐도
난마늘**

프레젠테이션 디자인의 마지막 단계는 무엇인가요?

비범한 춘

프레젠테이션 디자인의 마지막 단계는 움직임, 즉 애니메이션을 추가하는 과정입니다. 애니메이션을 먼저 추가했다가는 슬라이드의 내용이 바뀔 때마다 수정해야 하는 번거로움이 발생할 수 있으므로 가장 마지막에 작업합니다.

**아무리생강캐도
난마늘**

그런데 애니메이션을 꼭 넣어야 하나요?

비범한 춘

필수는 아닙니다. 하지만 애니메이션 기능을 제대로 이해하고 사용한다면 프레젠테이션의 목적인 내용 전달을 좀 더 효과적으로 수행할 수 있습니다. 또한 프레젠테이션 중에 흥미를 유발하는 유소가 되기도 합니다.

프레젠테이션의 두 가지 움직임, 화면 전환과 애니메이션 ▼

프레젠테이션의 움직임은 크게 두 가지입니다. 슬라이드에 있는 요소들의 움직임인 애니메이션 (Animation)과 슬라이드와 슬라이드 사이의 장면을 부드럽게 이어주는 전환(Transition)이죠.

∧ 슬라이드 위 디자인 요소의 움직임, 애니메이션

Transition

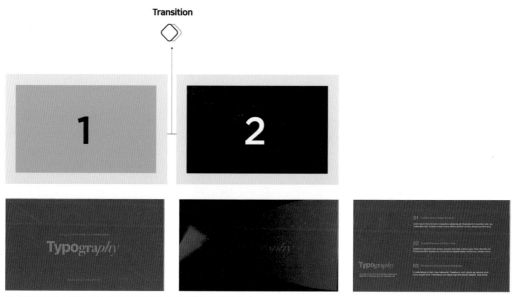

∧ 슬라이드와 슬라이드 사이에 적용한 키노트의 [비틀기] 전환 효과

세 가지 방식의 애니메이션 효과

슬라이드 내에서 움직임을 표현하는 애니메이션 효과는 키노트와 파워포인트에서 사용하는 용어는 다르지만 크게 세 가지로 구분할 수 있습니다. 즉, '빌드인(Build In) – 동작(Movement) – 빌드아웃(Build Out)'의 3단계로 나뉩니다.

디자인 요소가 나타날 때 프레젠테이션을 시작할 때는 없다가 애니메이션을 실행하면 해당 디자인 요소가 나타나는 효과를 키노트에서는 '빌드인'이라고 표현하고, 파워포인트에서는 '나타내기'라고 표현합니다. 한 마디로 요소가 등장하는 애니메이션입니다.

∧ 키노트의 [섬광] 빌드인 애니메이션으로 가운데 이미지가 나타납니다.

디자인 요소를 강조할 때 등장 효과로 나타난 요소를 한 번 더 강조하거나 기본으로 배치된 이미지 요소를 강조하기 위해 깜빡이는 등의 애니메이션을 적용할 수 있습니다. 파워포인트에서는 강조와 이동 경로의 두 가지 분류가 있고, 키노트에서는 동작 기능 내에서 강조하거나 이동하는 등의 애니메이션을 적용할 수 있습니다.

︿ 키노트에서 [크기 조절] 애니메이션을 적용했습니다.

디자인 요소가 사라질 때 최종 화면에서 더는 필요한 요소가 아니라면 해당 요소가 사라지도록 애니메이션을 적용할 수 있습니다. 키노트에서는 '빌드아웃'이라고 표현하며, 파워포인트에서는 '끝내기'라고 표현합니다.

︿ 키노트에서 [사라짐] 애니메이션을 적용했습니다.

키노트 & 파워포인트 | 애니메이션 효과 적용 및 관리하기 ▼

키노트나 파워포인트에서는 다양한 애니메이션을 제공하므로, 자주 사용하는 몇 가지 효과를 선정하여 활용하는 것이 좋습니다.

키노트

- **애니메이션 적용하기:** 애니메이션을 적용하려는 디자인 요소를 선택한 후 도구 막대에서 [애니메이션]을 클릭합니다. [애니메이션] 패널이 열리면 [빌드인], [동작], [빌드아웃] 탭에서 [효과 추가] 버튼을 클릭합니다. 애니메이션 효과를 적용한 후에는 애니메이션 종류에 따라 실행 시간, 방향, 순서 등을 결정할 수 있습니다.

︿ 키노트에서 제공하는 애니메이션 효과들

- **애니메이션 순서 관리하기:** 슬라이드 하나에 애니메이션 효과 여러 개를 적용했다면 기본적으로 애니메이션
을 적용한 순서에 따라 실행 순서도 정해집니다. 이런 순서를 변경하려면 애니메이션이 적용된 요소를 선택
한 후 [애니메이션] 패널의 해당 탭에서 [순서] 옵션을 확인한 다음 변경할 수 있습니다. 만약 해당 슬라이드에
적용된 모든 애니메이션과 순서를 확인하고 싶다면 [애니메이션] 패널 가장 아래에 있는 [빌드 순서] 버튼을
클릭합니다.

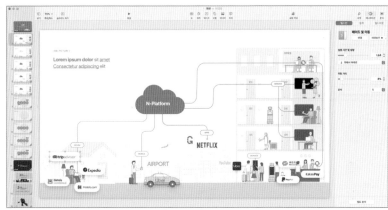

︿ [빌드 순서] 버튼을 클릭하면 슬라이드 내 모든 애니메이션 효과 및 순서를 확인할 수 있습니다.

파워포인트

- **애니메이션 적용하기:** 애니메이션을 적용할 디자인 요소를 선택한 후 [애니메이션] 탭 – [애니메이션] 그룹에
서 적용할 효과를 선택합니다. 애니메이션 종류에 따라 초록색(나타내기), 노란색(강조), 빨간색(끝내기)으로 구
분되어 있습니다.

︿ 파워포인트에서 제공하는 애니메이션 효과들

- **애니메이션 순서 관리하기**: 슬라이드 하나에 애니메이션 효과 여러 개를 적용했다면 애니메이션을 적용한 순서에 따라 실행 순서도 정해집니다. [애니메이션] 탭이 선택된 상태라면 애니메이션이 적용된 디자인 요소에 숫자로 실행 순서가 표시됩니다. 순서를 변경하려면 [애니메이션] 탭 – [고급 애니메이션] 그룹에서 [애니메이션 창]을 클릭하면 [애니메이션 창] 패널이 열립니다. 여기서 애니메이션 목록을 확인하고, 순서를 변경할 애니메이션을 선택한 후 원하는 위치로 드래그하여 순서를 조정할 수 있습니다.

슬라이드와 슬라이드 사이의 움직임, 화면 전환 효과

슬라이드와 슬라이드 사이의 움직임인 화면 전환 효과는 영화 연출에도 사용되는 기법으로 컷과 컷 사이를 부드럽게 이어주는 역할을 합니다. 슬라이드 전체 뒤집기, 회전하기 등의 지정한 효과와 함께 다음 슬라이드가 나타나는 방식입니다. 전환 효과의 종류나 설정한 옵션 값에 따라 자연스럽게 전환되기도 하고 다소 과하게 전환되기도 합니다.

⌃ 키노트의 [대상체 뒤집기] 전환 효과

키노트

슬라이드 왼쪽에 표시되는 축소판에서 화면 전환을 적용할 슬라이드를 선택한 후 도구 막대에서 [애니메이션]을 클릭합니다. [애니메이션] 패널이 열리면 [효과 추가] 버튼을 클릭해서 전환 효과를 적용할 수 있습니다. 또한 적용한 효과에 따라 실행 시간 및 전환 효과 시작 방법 등을 설정할 수 있습니다.

∧ 키노트의 기본 전환 효과들

파워포인트

슬라이드 왼쪽에 표시되는 축소판에서 화면을 전환할 슬라이드를 선택한 후 [전환] 탭 – [슬라이드 화면 전환] 그룹에서 원하는 효과를 선택합니다. 화면 전환 효과를 적용한 후에는 [전환] 탭에 있는 다양한 옵션을 이용해 방향이나 지연 시간 등을 조절할 수 있습니다.

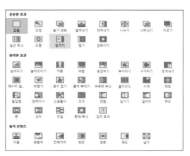

∧ 파워포인트의 [전환] 메뉴   ∧ 파워포인트의 기본 전환 효과들

춘's 컨설팅 키노트나 파워포인트에서 움직임 적용 여부 확인하기

키노트와 파워포인트에서 슬라이드 왼쪽에 있는 축소판을 보면 화면 전환 효과나 애니메이션 효과가 적용되었는지 여부를 확인할 수 있습니다.

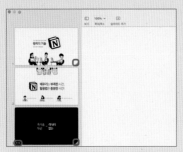 

∧ 키노트(좌)와 파워포인트(우)의 슬라이드 축소판

위와 같이 키노트에서는 축소판 오른쪽 아래 모서리에 있는 파란색 아이콘으로 화면 전환 효과가 적용되었음을, 왼쪽 아래에 있는 [⋯] 표시로 애니메이션 효과가 적용되었음을 확인할 수 있습니다. 파워포인트 축소판에서는 움직임의 종류를 구분할 수 없고, 화면 전환 효과 또는 애니메이션 효과 중 하나라도 적용되어 있으면 슬라이드 번호 아래쪽에 별 모양의 아이콘이 표시됩니다.

애니메이션은 단순한 장식이 아니다 ▼

프레젠테이션 디자인에서 각 슬라이드에 적용하는 다른 디자인 요소들과 마찬가지로 애니메이션 또한 단순히 화려하게 보이기 위한 장식이 아닙니다. 적재적소에 적용한 애니메이션 효과는 다음과 같이 다양한 효과를 나타냅니다.

흥미 유발 사람들은 정지된 이미지보다 움직이는 이미지에 흥미를 느낍니다. 그렇다고 무조건 애니메이션 효과를 넣으라는 말이 아닙니다. 청중의 흥미 유발에만 집중하여 의미 없이 화려하기만 한 애니메이션 효과를 적용한다면 오히려 독이 되어 청중의 집중도를 떨어뜨릴 수 있으니 주의해야 합니다.

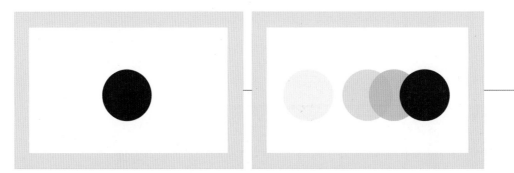

∧ 이미지가 정지해 있을 때보다 움직임을 보일 때 청중의 흥미를 불러일으킬 수 있습니다.

강조 및 자연스러운 시선 유도 디자인 요소에 애니메이션을 적용함으로써 청중은 자연스럽게 움직이는 요소에 집중하게 됩니다. 이로 인해 시선을 원하는 방향으로 유도할 수 있습니다.

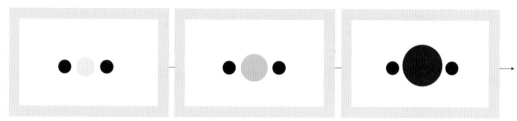

⌄ 점점 커지는 가운데 원으로 자연스럽게 시선이 쏠립니다.

순차적인 정보 전달 한 슬라이드에 여러 가지 핵심 메시지가 있을 때 각 메시지에 순차적으로 애니메이션을 적용함으로써 청중은 각각의 메시지에 집중할 수 있습니다. 결과적으로 해당 슬라이드에서 이야기하려는 내용에 대한 청중의 이해도를 높일 수 있습니다.

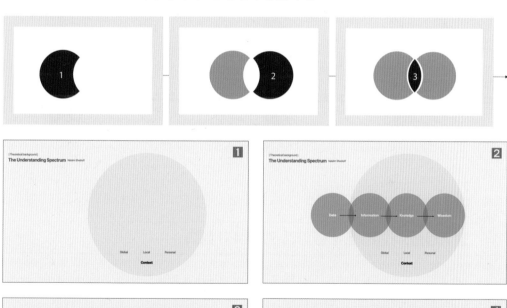

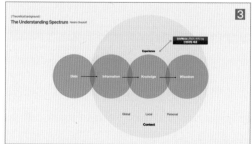

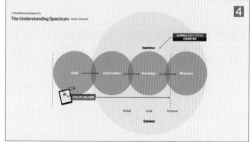

⌄ 복잡하고 다양한 내용을 포함한 슬라이드일수록 애니메이션을 적용하여 순차적으로 보여준다면 효과적으로 내용을 전달할 수 있습니다.

LESSON
02

몰입감을 해치지 않게 움직임을 적용하는 소소한 노하우

나의라임
오지는나무

기본으로 제공되는 움직임 효과를 살펴보니 자연스럽게 느껴지는 동작부터 과한 동작까지 매우 다양하네요. 프레젠테이션 중 화려한 움직임 효과들이 실행될 걸 생각하니 무척이나 기대됩니다.

비범한 츈

화려한 움직임을 사용한다구요? 화려한 움직임을 사용하면 순간적으로 청중의 시선을 끌 수는 있어요. 하지만 전체적인 몰입감을 해칠 우려가 있습니다.

나의라임
오지는나무

앗, 큰일 날 뻔했네요!

비범한 츈

이번 시간에는 청중의 몰입감을 방해하지 않게 움직임을 적용하는 간단한 노하우 몇 가지를 소개할게요.

 움직임을 사용하면서 몰입감 방해하지 않기 ▼

슬라이드에 움직임을 적용할 때 가장 중요한 포인트는 과도한 움직임 설정으로 청중의 몰입감을 방해하지 않아야 한다는 것입니다.

과도한 화면 전환 효과는 차라리 사용하지 않는 것이 낫다 프레젠테이션 주제와 전체 흐름에 부합하지 않고 단순한 재미를 위해 사용한 화면 전환 효과라면 차라리 사용하지 않는 편이 낫습니다.

특히 파워포인트에는 화려한 장면 전환 효과가 많습니다. 다음 사례에서 사용한 [종이접기] 혹은 [커튼]과 같은 효과는 프레젠테이션의 도입부에서 주의를 환기하거나 호기심을 불러일으키는 요소로 활용하기에 적합하나 중반부에서 사용할 경우 몰입감을 방해할 수 있습니다.

︽ 파워포인트의 [종이접기] 효과

︽ 파워포인트의 [커튼] 효과

스토리와 맥락에 맞는 애니메이션을 적용한다 슬라이드에서 애니메이션을 적용할 때는 요소가 가지는 의미 또는 내용상 맥락에 맞는 효과를 사용해야 합니다. 예를 들어, 아래 사례는 과거 99달러로 구매해야 했던 제품을 지금은 무료로 사용할 수 있음을 강조하는 내용입니다. 그러므로 '$99'에 사라지는 효과를 적용하고 'FREE'에 나타나는 효과를 적용하여 강조하면서 스토리를 전개했습니다.

︽ 키노트의 빌드아웃 효과 중 [깨뜨리기]

︽ 키노트의 빌드인 효과 중 [렌즈플레어]

차분한 움직임의 대명사, 디졸브 ▼

움직임을 적용하고 싶지만 어떤 움직임을 사용해야 할지 모를 때 어디에나 무난하게 어울리는 효과가 있습니다. 차분한 움직임의 대명사라고도 할 수 있는 디졸브 효과입니다. 영상을 보다 보면 특정 장면에서 물체의 움직이 어색하거나 컷과 컷 사이의 편집이 자연스럽지 않고 끊어지는 느낌이 들 때가 있습니다. 이런 어색함을 줄이기 위해 영화 편집에서는 디졸브를 적절하게 사용하여 자연스럽게 장면을 전환합니다.

프레젠테이션 디자인에서도 움직임이 필요한 상황에 디졸브 효과를 적용하면 크게 실패할 우려 없이 효과적으로 움직임을 표현할 수 있습니다. 키노트에는 애니메이션과 화면 전환에 모두 [디졸브]라는 이름의 효과가 있으며, 파워포인트에는 [밝기변화]가 디졸브 효과에 해당합니다.

⌃ 슬라이드 전환에 사용한 키노트의 [디졸브] 효과

⌃ 디자인 요소에 적용한 키노트의 빌드인 효과 중 [디졸브]

 춘's 컨설팅 디졸브 효과로 화면 전환 시 적당한 시간은?

 화면 전환 효과로 디졸브(나타내기) 효과를 적용하면 키노트에서는 기본적으로 1.5초, 파워포인트에서는 3.4초로 설정되어 있습니다. 디졸브 효과가 실행되는 시간이 너무 길면 늘어져 보이고, 너무 짧으면 화면이 갑자기 전환되는 것처럼 보일 수 있습니다. 그러므로 적당한 시간으로 설정해야 합니다. 디졸브를 적용한 화면 전환 시간은 전체 프레젠테이션 흐름에 따라 달라질 수 있지만, 필자의 경험에 비추었을 때 0.5~0.7초가 적당합니다.

⌃ 키노트(좌)는 [애니메이션] 패널의 [실행 시간] 옵션에서, 파워포인트(우)는 [전환] 탭의 [기간] 옵션에서 시간을 설정할 수 있습니다.

밀어내기 전환 효과로 슬라이드의 확장 효과를 연출한다 ▼

화면 전환 효과 중 [밀어내기]를 사용하면 16:9 혹은 4:3으로 고정되어 있는 슬라이드 비율이 가로 또는 세로로 길게 확장되는 것처럼 연출할 수 있습니다. 따라서 한 슬라이드에 담기에는 내용이 너무 많아 여러 장의 슬라이드에 분산해 넣을 때 이 효과를 쓰면 좋습니다.

아래에서 위로 밀어내기 [밀어내기] 효과를 적용한 후 이동 방향을 아래에서 위로 움직이도록 설정합니다. 다음과 같이 한 슬라이드에 넣기에는 세로 방향으로 많은 콘텐츠가 있을 때 사용하면 효과적입니다.

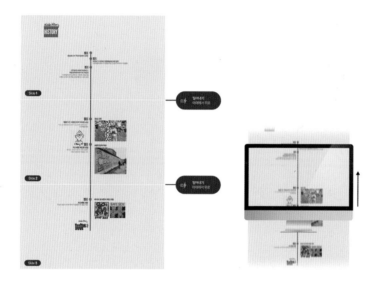

오른쪽에서 왼쪽으로 밀어내기 시간의 순서에 따라 가로 방향으로 길게 나열되는 콘텐츠라면 여러 슬라이드에 내용을 나눠서 디자인하고, [밀어내기] 효과를 적용한 후 오른쪽에서 왼쪽으로 이동하도록 방향을 설정합니다.

키노트 & 파워포인트 | 밀어내기 방향 설정하기 ▼

화면 전환 효과 중 [밀어내기]를 적용하면 네 가지 방향 중 하나를 선택할 수 있습니다. 키노트에서는 [밀어내기] 효과를 적용한 후 [애니메이션] 패널에서 방향을 설정하고, 파워포인트에서는 [전환] 탭 – [슬라이드 화면 전환] 그룹에서 [효과 옵션]을 클릭하여 방향을 선택할 수 있습니다.

⌄ 키노트의 [밀어내기] 방향 설정

⌄ 파워포인트의 [밀어내기] 방향 설정

 춘's 컨설팅 움직임 효과와 통일성

프레젠테이션 디자인에 대해 설명하면서 통일성은 수차례 강조했습니다. 이러한 통일성은 움직임 효과에도 예외 없이 적용됩니다. 즉, 화면 전환 효과 및 애니메이션을 적용할 때도 일정한 규칙을 유지하는 것이 좋습니다.

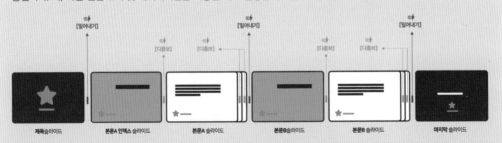

예를 들어 위 사례에서는 본문 슬라이드 간 화면 전환 효과는 [디졸브]로 통일했습니다. 그리고 제목에서 본문으로, 본문에서 마지막 슬라이드로 슬라이드 종류가 바뀔 때는 [밀어내기] 효과를 사용했습니다. 또한 강조하는 애니메이션은 모두 [뒤집기]로 통일하여 전체 프레젠테이션 중 통일감 있는 움직임이 표현되도록 설정하였습니다.

LESSON
03

프레젠테이션에 동영상 사용하기

제시켜알바

틱톡에서 본 영상을 슬라이드에 삽입하고 싶은데 혹시 방법이 있을까요?

비범한 춘

슬라이드에 동영상을 삽입하려면 URL을 활용하는 방법과 원본 영상 파일을 삽입하는 방법 두 가지가 있어요. 프레젠테이션할 때 동영상을 활용하는 방법에 대해 간단히 살펴보겠습니다.

슬라이드에 동영상을 넣는 두 가지 방법 ▼

프레젠테이션이 예정된 장소에서 인터넷을 사용할 수 있느냐 없느냐에 따라 동영상 삽입 방법이 달라집니다.

URL로 삽입하기 프레젠테이션이 예정된 장소에서 인터넷 사용이 원활하다면 슬라이드에 해당 영상의 URL을 삽입해서 사용하면 됩니다. 동영상 파일이 추가되지 않으므로 프레젠테이션 파일의 용량을 줄일 수 있다는 장점이 있습니다.

동영상 파일로 삽입하기 인터넷이 원활하지 않거나 변수 발생을 미연에 방지하려면 동영상 파일 자체를 삽입합니다. 동영상 파일에 따라 프레젠테이션 파일의 용량이 커질 수 있지만, 그만큼 안전하게 프레젠테이션을 진행할 수 있습니다. 단, 발표 환경이나 사용하는 기기에 따라 영상 코덱 등의 문제가 발생해 재생이 원활하지 않을 수 있습니다. 따라서 프레젠테이션하기 전에 미리 확인해보는 것이 좋으며, USB 등에 별도로 동영상을 담아 가는 것이 좋습니다.

츈's 컨설팅 웹에 있는 동영상 다운로드하기

· **4K Video downloader:** 유튜브, 비메오, 틱톡 등에 있는 동영상을 다운로드할 때 4K Video downloader를 활용할 수 있습니다. https://www.4kdownload.com/downloads에 접속한 후 사용하는 운영체제에 따라 설치 파일을 다운로드해서 설치 및 실행합니다.

설치한 4K Video downloader를 실행했으면 다운로드할 동영상의 URL을 찾아 복사(Ctrl+C)한 후 4K Video downloader 상단에 있는 도구 막대에서 [링크 복사]를 클릭합니다. 다운로드 클립 창이 열리면 포맷 및 화질 등을 선택한 후 다운로드할 수 있습니다. 4k Video downloader는 무료/유료 플랜이 있으며, 무료는 1일 30개의 영상만 다운로드할 수 있습니다.

· **Save Video:** 온라인 다운로더로 프로그램을 설치하지 않고 웹에서 바로 동영상 파일을 다운로드할 수 있습니다. 틱톡, 인스타그램, 트위터, 비메오, 페이스북 등의 동영상 다운로드를 지원합니다. 사용 방법은 간단합니다. https://savevideo.me/kr/에 접속한 후 다운로드하려는 동영상의 URL을 붙여 넣기합니다. [다운로드] 버튼을 클릭하고 원하는 화질을 선택해서 다운로드하면 됩니다.

키노트

동영상 파일이 있다면 다른 요소를 삽입하는 것처럼 동영상 파일을 슬라이드로 드래그해서 간단하게 삽입할 수 있습니다. 만약 파일이 아닌 URL 형태로 삽입하고 싶다면 도구 막대에서 [미디어]를 클릭한 후 [웹 비디오]를 선택합니다. 웹 비디오 추가 창이 열리면 동영상의 URL을 입력하고 [삽입] 버튼을 클릭합니다. 이후 [포맷] 패널에서 동영상과 관련된 다양한 설정을 변경할 수 있습니다.

파워포인트

파워포인트 역시 동영상 파일이 준비되었다면 그대로 슬라이드로 드래그해서 삽입할 수 있습니다. 만약 URL로 동영상을 삽입하고 싶다면 [삽입] 탭 – [미디어] 그룹에서 [비디오]를 클릭한 후 [온라인 비디오]를 선택합니다. 팝업 창이 열리면 유튜브 검색창에 URL이나 검색어를 입력합니다. 검색어를 입력했을 때 결과가 여러 개 나오면 그중에서 선택한 후 [삽입] 버튼을 클릭합니다.

 삽입한 동영상의 첫인상을 결정할 몇 가지 노하우 ▼

해상도가 괜찮은 동영상이라면 슬라이드에 삽입한 후 가득 채워, 전체 화면으로 동영상이 재생되게 하는 것이 청중에게 강한 인상을 남길 수 있습니다. 이외에도 동영상을 삽입한 후 인상을 결정할 몇 가지 노하우를 소개합니다. 단, 이제부터 소개하는 대표 이미지 설정 및 마스터 볼륨 조정은 직접 동영상 파일을 삽입했을 때 활용할 수 있습니다.

동영상의 대표 이미지 설정하기 슬라이드에 삽입한 동영상은 프레젠테이션 중 해당 슬라이드에서 자동으로 재생되게 하거나, 마우스 클릭 또는 Spacebar를 눌러 재생되게 설정해서 사용합니다. 자동 재생 방법을 사용하면 동영상의 첫 프레임부터 자동으로 재생되므로 동영상의 대표 이미지 설정이 무의미합니다. 하지만 마우스나 키보드 조작으로 동영상이 재생된다면 동영상의 대표 이미지를 설정하여 재생될 동영상에 대한 기대감을 높일 수 있습니다.

동영상 위에 텍스트 입력하기 슬라이드에서 이미지 위에 텍스트를 배치하듯, 삽입한 동영상 위에도 텍스트를 배치할 수 있습니다. 동영상 내 여백을 활용하거나 전체 화면으로 채워진 동영상 오른쪽 아래에 텍스트 상자를 이용하여 현재 재생되는 영상의 정보 등을 입력해놓으면 청중에게 자연스럽게 관련 정보를 제공할 수 있습니다.

동영상의 마스터 볼륨 조정하기 삽입한 동영상에서 재생되는 볼륨(소리 크기)은 반드시 사전에 점검해야 합니다. 특히 하나의 프레젠테이션에 여러 개의 동영상이 삽입되는 경우라면 각 동영상의 볼륨 상태가 다를 수 있으므로 미리 확인하고 비슷한 수준으로 볼륨 레벨을 맞춰야 합니다. 또한 동영상이 재생될 때 추가로 설명이 필요한 상황이라면 볼륨을 낮춰 동영상 소리에 발표자의 목소리가 묻히지 않도록 하는 것이 좋습니다.

 춘's 컨설팅 프레젠테이션에 사용할 동영상 해상도는 어느 정도가 좋을까?

요즘은 프로젝터나 디스플레이의 스펙 및 화질이 좋아지면서 고화질로 프레젠테이션을 진행할 수 있습니다. 따라서 슬라이드에 포함되는 이미지나 동영상은 프레젠테이션 환경에 맞추어 고해상도로 준비하면 좋습니다. 다만, 해상도가 높을수록 동영상의 용량이 커지고, 동영상이 포함된 프레젠테이션 파일의 용량까지 커지게 되어 연결된 기기에 따라 동영상 재생이 원활하지 않을 수 있습니다. 따라서 최소 HD(1280×720), 최대 FHD(1920×1980) 정도의 화질로 준비하는 게 좋습니다.

 키노트 & 파워포인트 | 삽입한 동영상의 인상을 결정하는 설정 변경하기 ▼

키노트

• **대표 이미지 설정**: 동영상 파일을 삽입한 후 [포맷] 패널의 [동영상] 탭을 보면 중간에 [동영상 편집] 항목이 있습니다. 이 항목을 펼친 후 대표 이미지로 표시될 장면이 나타날 때까지 [포스터 프레임] 옵션을 조절합니다. 추가로 같은 항목에 있는 [다듬기] 옵션을 이용하면 간단하게 동영상의 시작점과 끝점을 지정할 수 있습니다.

- **볼륨 조절:** 동영상 파일을 삽입한 후 [포맷] 패널의 [동영상] 탭에서 [볼륨] 옵션을 이용해 마스터 볼륨을 조정할 수 있습니다.

파워포인트

- **대표 이미지 설정:** 동영상 파일을 삽입한 후 아래쪽에 표시되는 재생 막대를 이용하여 대표 이미지로 사용할 프레임으로 이동합니다. 이후 [비디오 형식] 탭 – [조정] 그룹에서 [포스터 프레임]을 클릭한 후 [현재 프레임]을 선택하면 대표 이미지로 지정할 수 있습니다. 추가로 [포스터 프레임] – [파일의 이미지]를 선택하면 별도의 이미지를 대표 이미지로 지정할 수 있습니다.

- **볼륨 조정:** 동영상 파일을 삽입한 후 아래쪽에 있는 재생 막대에서 오른쪽 끝에 있는 볼륨 아이콘을 클릭해 마스터 볼륨을 조정할 수 있습니다. 또한 단축키 Alt + U 를 눌러 동영상을 음소거할 수도 있습니다.

동영상 재생 단축키

프레젠테이션 중에 동영상이 재생될 때 갑작스럽게 질문을 받거나 돌발 상황이 발생하여 동영상 재생을 일시 중지하거나 중간 부분을 건너뛰어야 할 수도 있습니다. 이럴 때를 대비하여 프레젠테이션 중 동영상 재생을 조절할 수 있는 단축키 몇 가지를 기억해두는 것이 좋습니다.

	키노트	파워포인트
재생 / 일시 정지	K	Alt + P
앞으로 감기	L	Alt + Shift + →
되감기	J	Alt + Shift + ←
처음으로 이동	I	
끝으로 이동	O	

프레젠테이션 디자인 체크 리스트

☑ **프레젠테이션에서 움직임을 표현하는 화면 전환과 애니메이션을 구분할 수 있나요?**

슬라이드에 있는 요소들의 움직임을 애니메이션(Animation), 슬라이드와 슬라이드 사이의 장면을 부드럽게 이어주는 효과를 화면 전환(Transition)이라고 합니다.

☑ **단순한 장식을 위해 애니메이션을 삽입한 건 아닌가요?**

프레젠테이션 디자인에서 각 슬라이드에 적용하는 다른 디자인 요소들과 마찬가지로 움직임 또한 단순히 화려하게 보이기 위한 장식이 아닙니다. 적재적소에 적용한 움직임은 흥미 유발, 키워드 강조, 자연스러운 시선 유도, 순차적 정보 전달 등의 역할을 하는 데 사용됩니다. 그러므로 과도한 움직임으로 청중의 몰입감을 방해하지 않아야 합니다.

☑ **프레젠테이션 중에 동영상을 조작하기 위한 단축키를 알고 있나요?**

동영상을 재생 중일 때 발생할 수 있는 돌발 상황에 대비하여 일시 중지 및 중간 부분 건너뛰기와 관련된 단축키 몇 가지는 반드시 기억해두는 것이 좋습니다.

찾아보기